经济管理学术文库·经济类

牧区贫困状况与
提升牧民自我发展能力研究

Study on Poverty Situation and Self-development
Ability of Herdsmen in Pastoral Areas

哈斯其其格／著

经济管理出版社
ECONOMY & MANAGEMENT PUBLISHING HOUSE

图书在版编目（CIP）数据

牧区贫困状况与提升牧民自我发展能力研究/哈斯其其格著 . —北京：经济管理出版社，2019.3

ISBN 978 - 7 - 5096 - 6482 - 7

Ⅰ.①牧… Ⅱ.①哈… Ⅲ.①牧民—贫困问题—研究—中国 Ⅳ.①D422.7

中国版本图书馆 CIP 数据核字（2019）第 058214 号

组稿编辑：张巧梅
责任编辑：杨国强
责任印制：黄章平
责任校对：赵天宇

出版发行：经济管理出版社
　　　　　（北京市海淀区北蜂窝 8 号中雅大厦 A 座 11 层　100038）
网　　址：www. E - mp. com. cn
电　　话：(010) 51915602
印　　刷：北京玺诚印务有限公司
经　　销：新华书店
开　　本：720mm×1000mm/16
印　　张：10.5
字　　数：165 千字
版　　次：2019 年 7 月第 1 版　　2019 年 7 月第 1 次印刷
书　　号：ISBN 978 - 7 - 5096 - 6482 - 7
定　　价：68.00 元

前　言

党的十八大以来，党和政府把扶贫工作摆在更加突出的位置，大力度、宽领域、多层次向前推进。中国政府提出到 2020 年农村贫困人口全部脱贫的目标。

牧区是中国农村中的一个特殊的区域，它具有民族性、边疆性和文化性。牧区和牧民贫困不仅是关系到加强民族团结、保持社会稳定、巩固边疆安全、构建和谐社会的议题，而且是关系到民族发展特别是民族教育和民族文化发展的问题。因此，健全牧区反贫困政策具有重要的战略意义和现实的紧迫性。

全书共五章。第一章为导论。第二章识别在自然灾害以及工业化、市场化、城市化和全球化冲击下牧区生态恶化、牧民自我发展能力弱化等所导致的重大社会风险暴露；对牧区旧有的扶贫政策基本状况做出客观判断并提出构建政府引导和协调下的牧区社会风险管理机制之必要性。第三章在牧区贫困风险识别的基础上，结合内蒙古实际，设计适用于我国牧户脆弱性的测量指标，从人力资本、自然资本、物质资本、金融资本和社会资本角度测量牧户的脆弱性；在"以人为本"的科学发展观指导下，提出牧区扶贫及能力建设政策体系的设计思想，包括目标、基本理念等。第四章选取非政府组织（NGO）、商业保险、微型金融、社会资本四种社会力量，分析这些力量在牧区扶贫和提升牧民自我发展能力方面的重要作用，并进行反贫困经验和启示的总结归纳。第五章在社会风险管理框架下，提出牧区扶贫及牧民能力建设对策建议。

研究表明，反贫困政策主要聚焦于贫困人口的收入低下问题，无论是救济式扶贫，还是后来的开发式扶贫，都着眼于贫困人口的生产生活条件改善，忽视了造成贫困的根本原因——贫困人口自我发展能力不足。本书从新形势下的风险冲击着手，深入地分析了牧民的"能力贫困"，是社会风险管理框架的具体应用，将进一步丰富和发展农村牧区扶贫政策研究，为缓冲政府所面临的资金压力提供了新的理论视野和政策分析。

本书在世界银行提出的社会风险管理框架中引入阿马蒂亚·森的"可行能力"研究成果，强调多主体通力合作，共同处置社会风险。因此，结合我国牧区的特殊性，需要继续完善先行社会保障制度，同时要拓展反贫困的政策思路，建立起由"公助——社会保障""自助——小额保险、微型金融""共助——社区、合作组织"组成的多层次社会风险管理框架，形成自上而下和自下而上相结合的，以政府社会保障制度为核心，多种社会力量有效整合的"反脆弱性"的牧区扶贫政策框架，以提升牧民自我发展能力，实现城乡居民共同富裕。

目　录

第一章 导 论

第一节 研究的现实背景和重要意义

一、研究背景

（一）中国经济经过 30 多年的高速增长，转入"新常态"

中国过去 30 多年的高速经济增长，彻底改变了世界近 1/4 人口的生存条件，创造了举世瞩目的经济增长奇迹。2008 年国际金融危机爆发后，英国、美国、加拿大、德国和日本等国的经济增长放缓，中国经济也遭受巨大冲击。为扭转增速下滑过快造成的不利影响，中国政府及时采取拉动内需和产业振兴等一揽子刺激政策，支撑了 2008 年后数年的高速经济增长。按照官方统计，中国 GDP 增长率在 2010 年达到 2008 年后的峰值 10.45%，中国经济率先走出危机阴影，也对世界经济起到了"压舱石"的作用。2010 年以后，中国经济逐步下滑：2011 ~ 2017 年，GDP 增长率分别是 9.2%、7.8%、7.7%、7.4%、6.9%、6.7% 和 6.9%。

在这样经济增速放缓的背景下，2014 年 11 月，中央经济工作会议提出了"新常态"。经济增长"新常态"下出现的一些趋势性变化使经济社会发展面临不少困难和挑战。鉴于变幻莫测的全球政治经济状况以及中国经济转入"新常态",未来的不确定性提高,因此今后几年是中国经济发展的关键期,经济社会不稳定性增加,民众对未来感到担心和焦虑。

（二）中国经济社会加速转型,蕴含不稳定因素

中国已进入社会转型期,在该阶段,经济社会领域中的风险及不确定性上升,社会风险呈现出高发态势,社会非稳定性提高。当前中国处于重要战略机遇期:中国改革开放带来巨大的红利,经济体量及国际地位均有提升;但毋庸置疑,中国又面临着严峻挑战。现实情况也表明,在当前经济社会加速转型时期,不同社会主体之间的权力和利益进行重新整合,社会矛盾激化,形成了诸多不稳定因素,引发各种冲突的可能性在提高。

另外,在互联网时代,全球化、技术变革以及社交媒体和源源不断的信息以非常具体的方式扰乱了人们的世界观和价值观以及日常生活,这些"扰动"可能加剧已经在应对颠覆性技术变革的家庭和个人的脆弱性,现代社会风险显得尤为突出,人们面临更多的矛盾和冲突。

（三）城乡居民收入差距扩大,社会整合潜伏着矛盾

《中国民生发展报告2015》显示,中国的不平等状况令人担忧。国际公认的基尼系数警戒线为0.4,中国居民收入基尼系数在0.45以上。通常的共识是,如果居民收入的基尼系数超过了0.4,则属于极度不平等状态,可能会出现社会动荡。

随着中国社会经济的不断发展,城乡之间的差距持续扩大。部分农牧民生存处境艰难,其社会地位有所下降;城乡发展失衡、差距日趋扩大。这是我国突出的社会矛盾之一。从我国牧区实际情况看,牧区基本社会服务和基础设施与内地农村存在着较大差距。就牧民总体而言,由于他们处在相对偏僻的边疆及文化差异等原因,牧民成为比内地农村农民还要弱势的群体。由于牧区的贫富两极分化,牧区大量贫困户成为弱势群体中的弱势群体。当前,牧区社会蕴含不稳定因素:农牧业经营领域自然灾害频发,社会领域各种不确定因素有增无减——工业

化、城镇化、市场化日益冲击传统牧区生产生活的诸多方面，牧民作为整体变得更加脆弱。如果不重视牧区贫困及牧民的发展问题，转型期牧区社会各类群体将进一步分化，演变为牧区各利益主体之间的矛盾和抗争。

国家主席习近平于 2015 年 11 月 23 日指出，要调整国民收入分配格局，不断健全体制机制和具体政策，持续增加城乡居民收入，不断缩小收入差距。"十三五"是跨越中等收入陷阱的关键时期，收入分配改革则是重中之重。"十三五"期间，党中央要重点促进城乡区域协调发展，从共享发展的角度缩小收入差距，预计未来户籍改革、公共服务改革都将加快。因此，牧区贫困风险的识别、衡量及管理，不仅是牧区自身的问题，也事关中国经济社会稳定。对牧区贫困问题的研究刻不容缓，具有现实的紧迫性。

二、研究意义

党的十八大以来，党和政府把扶贫工作摆在更加突出的位置，大力度、宽领域、多层次向前推进。中国政府提出到 2020 年农村贫困人口全部脱贫的目标。

联合国认为，中国在减少贫困方面取得了举世无双的成就，与此同时，城市和农村之间的不平衡发展也极为明显。牧区是中国农村中的一个特殊的区域，它具有民族性、生态性、边疆性和文化性，所以牧区肩负着民族团结、生态安全、边疆稳定和文化传承的重要任务①。内蒙古牧区是中国四大牧区之一，在经济社会发展中具有重要的战略地位，保障和改善牧区民生是促进牧区又好又快发展的根本出发点和落脚点。有别于农村贫困，牧区和牧民贫困的表征不仅仅是经济收入低下，更在于牧民的脆弱性。这些特征决定了牧区扶贫开发是一项系统工程，它关涉牧区政治、经济、社会、生态诸多方面。

总之，伴随着全球经济低迷与中国经济社会的快速转型，农牧业风险正在加大，牧区社会风险日益严峻，牧民陷入前所未有的发展困境。牧区扶贫及牧民能力建设是事关国家和谐稳定和民族大团结的重要议题。鉴于旧有反贫困政策的某

---

① 王艳．中国牧区扶贫开发问题研究［D］．吉林大学博士学位论文，2014.

些局限性，以及考虑到牧区社会、经济与制度环境的特殊性，迫切需要在牧区社会政策领域产生新的政策思路和框架，以适应新时代全面建成和谐社会的总体要求。

第一，长期以来，我国反贫困政策主要围绕贫困人口的收入低下问题，无论是救济式扶贫，还是后来的开发式扶贫，都着眼于贫困人口的生产生活条件改善，忽视了造成贫困的根本原因——贫困人口自我发展能力不足。本书从新形势下的风险冲击着手深入地分析牧民"能力贫困"，是社会风险管理分析框架的具体应用，对进一步丰富和发展农村牧区扶贫政策研究，具有一定的理论意义。2011 年，《国务院关于促进牧区又好又快发展的若干意见》提出了一系列加快牧区发展的新政策、新举措，明确了新形势下牧区的重要战略地位。本书应用社会风险管理分析框架，可以全程把握牧区社会风险的发生、发展状态，对于制定相应的扶贫政策，提升牧民自我发展能力及促进牧区又好又快发展具有重要的现实意义。

第二，在世界银行提出的社会风险管理框架中引入阿马蒂亚·森的"可行能力"研究成果，强调多主体通力合作，共同处置社会风险；主张"赋能"——即通过建立牧区社会风险管理机制来保障牧民生存权和基本发展权，并提升牧民发展能力，消除其经济社会参与壁垒。设计拓宽了社会保障研究的理论视野，对于综合处置牧区社会风险具有重要决策价值；牧区社会风险管理框架的构想，为缓冲政府所面临的资金短缺压力提供了新的理论视野和政策分析。

第三，社会风险管理框架是社会保护政策的全新理念，世界银行经济学家充分分析了经济全球化对社会发展的严峻挑战，尤其只针对发展中国家面临的诸多社会风险而提出了社会政策框架。因此，该框架不仅能够适应我国牧区经济社会及制度环境变化的客观需要，还与党的十九大报告明确提出的我国社会保障改革与发展的目标即"全面建成覆盖全民、城乡统筹、权责清晰、保障适度、可持续的多层次社会保障体系"高度相容。总之，本书的政策建议对于促进牧区又好又快发展，以及在社会政策领域实现城乡一体化具有重要的理论价值和实践意义。

第二节 国内外现有研究文献简要述评

一、国外文献综述

（一）反贫困理论

终结贫困是人类的一个梦想。反贫困是世界性的难题。有关贫困与反贫困的早期研究成果集中在政治学、经济学、社会学、人口学、历史学等领域。经济学家、政治学家、社会学家、历史学家、人口学家等纷纷开出自己的药方。马克思是贫困理论研究中的"灯塔"，他从政治学研究角度认为无产阶级之所以贫困，资产阶级之所以富裕，最根本的原因是生产资料私有制。在资本主义社会中要实现无产阶级脱贫，最可靠手段就是推翻资本主义制度，建设社会主义制度。瑞典经济学家冈纳·缪尔达尔1968年出版的《亚洲的戏剧：对一些国家贫困的研究》一书中，从政治学角度对贫困进行了研究。他在该书中的主要观点是"正是由于一个国家的根本社会结构或制度的不同，造成了不发达国家经济的普遍贫困"。即冈纳·缪尔达尔认为，导致贫困的根本原因在于社会结构或制度。他进而指出，发展中国家要想摆脱贫困，最直接有效、最根本的办法是对自身进行改革，通过改革解决不发达国家结构性或制度性的问题。冈纳·缪尔达尔认为，改革的内容主要包括土地改革、教育改革和权利关系改革。他的"反贫困理论模式"为世界反贫困研究做出了重要贡献。

1952年，美国著名经济学家纳克斯（Ragnar Nurkse）在美国经济学会的《美国经济评论》发表了一篇名为 Some International Aspects of Problem Economic Development 的文章，提出了影响力巨大的"贫困恶性循环"理论。纳克斯认为，发展中国家经济上形成"收入低—储蓄低—投资少—生产率低—收入低"的恶性循环，最终导致这些国家长期陷于贫困圈。纳克斯得出结论：一国的普遍生产力水平是决定其消费市场规模的最重要因素，而生产力水平很大程度上是由生产中所使用的资本决定的，即资本缺乏是导致贫困恶性循环的根源。纳克斯继而认为，要想改变这种恶性循环，必须不断增加居民储蓄。1957 年，另一位美国经济学家利本斯坦（Harvey Leeibenstein）提出的"临界最小努力"理论（the Theory of Cirtical Minimum Effect）认为，对于贫困者经济收入的增长具有举足轻重作用的是经济增长动机、鼓励创新等。因此，要想提高贫困者收入，应激发贫困者的经济增长动机、鼓励创新，并为贫困者创造适宜的资本盈利环境以及大力开发和运用新技术。诺贝尔奖得主安格斯·迪顿关注人类发展与不平等之间的复杂关联时，提出"脱离贫困，人们自然会想到钱，但是，如何拥有更健康的体质，如何健康长寿以便有更多的机会享受人生，却是同样重要甚至更为重要的事"。他在其著述《逃离不平等——健康、财富与不平等的起源》（2015）中质疑援助的有效性，同时论述了世界上更多贫困人口并不仅仅出现在非洲，同样也出现在急速发展的、贫富分化严重的亚洲国家。2015 年，经济学家赛德希尔·穆莱纳森和心理学家埃尔德·沙菲尔在合著的《稀缺——我们是如何陷入贫穷与忙碌》一书中，用心理学的实证研究重新把"稀缺"界定为一个心理问题而不是资源问题，发现贫穷（和忙碌）并不是简单地因为缺少金钱（和时间），而是一种心态和能力的匮乏。

贫困研究也是社会学、人口学家的研究"领地"，研究成果非常丰富。1979 年诺贝尔获得者西奥多·W. 舒尔茨（Thodore W. Schultz）在其著作《论人力资本投资》（1990）中从人力资本角度研究贫困问题并提出了"人力资本投资"概念。舒尔茨认为，发展中国家贫困的根本原因在于人力资本的缺乏，而不在于物质资本的短缺。他认为人力资本是要通过投资而获得的。舒尔茨进而指出，解决贫困问题的根本方法就是提高对贫困者的人力资本投入，通过加大对贫困者人力资本投入和优化贫困者人力资本投资结构，提升贫困者的素质。

（二）能力贫困研究

进入 20 世纪 90 年代，国际社会对贫困的认识以及衡量标准有所变化：一些学者认为，贫困不仅仅是收入的缺乏，贫困成因复杂，收入只是贫困的一个特征或结果。《1990 年世界发展报告》（世界银行，1990）给贫困下的定义是：缺少达到最低生活水准的能力。这表明"能力"标准在国际反贫困实践中得到越来越广泛的认同。联合国开发计划署（UNDP）提出了度量贫困的新指标——能力贫困，并在其重要文件——《人类发展报告（1996）》中指出，贫困不仅仅是缺少收入，更重要的是基本生存与发展能力的匮乏与不足。著名经济学家阿马蒂亚·森是"可行能力"研究的主要倡导者，森（Sen，1999）认为，应该从概念上将贫困定义为能力不足而不是收入低下。由此可见，"能力贫困"成为贫困研究关注的重点，国际社会对贫困的认识有所转变，在贫困治理中逐渐强调"以人为本"，并从重视"手段"向重视"目标"回归。

（三）社会风险管理等积极社会政策理念的提出

20 世纪 90 年代起，积极的社会政策理论成为国际社会政策文献的关键词，并逐渐被越来越多的国家和政府以及国际组织所认同。相应地，从对制度的干预转向了对家庭和个人的干预，是发达国家在反贫困政策干预方面的显著变化。

（1）"社会投资理论"或"发展型社会福利理论"（J. Midgley，1999；A. Giddens，1998；P. Taylor–Gooby，1997）。其中，具有代表性的，除了《社会发展：社会福利的发展型视野》一书外，还包括 J. Midgley 等的一系列文章（Midgley，1999，2000，2003b，2007；Midgley & Livermore，1997；Midgley & Sherraden，2000；Midgley & Tang，2001；Miah & Tracy，2001）。这些著作和文章，对社会和经济协同发展的思想及其具体策略做了较为详尽的阐述。

（2）社会风险管理（Social Risk Management，SRM）框架是世界银行（Robert Holzmann & S. Jorgensen）于 1999 年提出的社会保护政策的全新理念，旨在拓展现有社会保护政策思路。该框架强调运用多种风险控制手段，系统、综合、动态地处置全球化背景下各国面临的日趋严峻的社会风险，实现经济社会的平衡发展和可持续发展①。该理论汲取了风险社会学的营养，从全球化背景下人们面临的风险入手建构社会保护政策的框架，强调协调风险防范与补偿机制，其视野更开阔，社会内容也更为丰富。

日本学者龟井利明认为，社会风险管理是应对由于自然环境和社会环境的变化导致的风险的社会化、多样化、巨大化及国际化的对策。即社会风险管理是合理处置社会化风险的、由众多经济主体相互协作的系统②。

二、国内研究现状

中国专家学者在持续多年的扶贫开发实践过程中一直高度重视扶贫理论研究，并对贫困内涵做了多角度的解释，包括经济学、政治学、社会学等。但国内学术界大多研究全国性的问题，研究成果多且较为成熟，而对牧区贫困化的特殊性却缺乏及时深入的研究。从为数不多的研究成果看，先前研究大多集中于如何完善政府主导的开发式扶贫模式（潘建伟、田秀清，1996；潘建伟，1997；朝鲁，2001；钱贵霞、郝永红、吴迪，2013；王艳，2014）。也有学者从不同视角论证牧区贫困成因后提出相应对策（天莹，1999；包玉山、周瑞，2001；云宝君，2007）。近年来，一些学者通过实地调查，提出牧区扶贫应实施可持续发展战略（海山，2007；于存海，2008）。也有一些学者从社会保障制度建设视角研究农牧区扶贫问题（于红梅、张艾力，2014），认为农牧区社会保障体系建设关系到民族地区经济发展和社会稳定。完善农牧区社会保障体系是内蒙古加快脱贫、改善民生的必然要求。

本书也收集了涉及民族地区扶贫开发的有关研究成果，主要有：赵曦和周

---

① Robert Holzmann, Steen Jorgensen. Social Risk Management：A New Conceptual Framework for Social Protection and Beyond ［R］. Social Protection Discussion Paper Series, No. 0006, Washington, The World Bank, 2000；Robert Holzmann, Lynne Sherburne – Benz, and Emil Tesliuc. Social Risk Management：The World Bank's Approach to Social Protection in a Globalizing World ［R］. Social Protection Department, The World Bank, 2000.
② 龟井利明. ソーシャル・リスクマネジメント論 ［Z］. 日本リスクマネジメント学会, 2007.

炜[①]、丁忠兰[②]、李瑞华[③]以经济学视角构建了内蒙古贫困与反贫困评估指标体系和多级模糊综合评估模型，并对其进行贫困程度与反贫困效果评估，提出了深化内蒙古反贫困的对策建议。向玲凛、邓翔[④]对西部少数民族地区反贫困情况进行了动态评估，认为西部民族地区反贫困总体成效显著，经济增长具有长期稳定的减贫效果，但农民增收速度低于经济增长速度，经济增长仍呈现"亲富"式态势。王艳[⑤]从马克思主义理论角度研究了中国牧区扶贫开发问题，并提出了相关建议。

三、现有研究成果简要评价

（1）国外对于贫困及相关问题的研究起步早，学者们从意识形态、传统文化、社会习俗、激励机制等不同方向研究了贫困及其治理问题，理论相对成熟。这些成果在开阔笔者视野的同时也给本书的研究提供了指导。但由于国外城乡之间的分割并不像我国这样泾渭分明，公共政策在城乡之间的差异也不如我国这样明显。在国外研究的范畴中，笔者没有检索到牧区扶贫开发问题研究，因此，这也是本书研究难点所在。

（2）关于贫困问题的研究受到中国学术界的高度重视，并已经取得一些重要的研究成果，这些成果从不同的侧面、视角和方法对农村牧区扶贫问题进行探讨，成为本书研究的重要基础。但是，早年学者们在贫困标准线的划分方面，主要以经济指标来划分贫困与否，很少考虑将经济以外的其他因素作为衡量标准；国内学者们考量致贫因素时主要集中于制度环境制约、区域环境以及人力资本缺乏等成因；学者们提出的反贫困模式主要集中于开发式扶贫。近年来，学者们开始将研究向社会学、人类学及政治学等领域延伸；开始关注自然地理、人文社会历史背景、生态环境、制度体制等多种致贫因素的综合作用，提出了应更加注重

---

① 赵曦，周炜．中国西藏扶贫开发战略研究 [M]．北京：中国藏学出版社，2006．
② 丁忠兰．云南民族地区扶贫模式研究 [M]．南京：中国农业科学技术出版社，2012．
③ 李瑞华．内蒙古贫困与反贫困的经济学研究 [D]．武汉理工大学博士学位论文，2013．
④ 向玲凛，邓翔．西部少数民族地区反贫困动态评估 [J]．贵州民族研究，2013（1）．
⑤ 王艳．中国牧区扶贫开发问题研究 [D]．吉林大学博士学位论文，2014．

扶贫方式同贫困地区具体的区域环境相结合，扶贫开发过程中应提高贫困人口的参与程度，还应考虑扶贫资金的使用效率问题——即其合理分配及有效利用。而基于发展的视角，运用社会风险管理等积极社会政策理念研究牧区扶贫及牧民自我能力发展问题的研究成果并不多见。

（3）社会风险管理等新的政策理念对我国牧区扶贫问题研究提供了重要的启示：强调政府、市场、社会组织通力合作，共同提供经济保障和社会保护；重视防范风险而不仅仅是对风险损失进行补偿；政策手段不再局限于对收入进行再分配。目前，运用社会风险管理等积极社会政策理论深入探讨牧区贫困与牧民自我发展能力建设的研究并未见相关成果，需要进一步研究来丰富和发展适合我国牧区的扶贫政策框架，并在实践中贡献于我国牧区可持续发展战略。

第三节　研究思路与方法

一、研究思路

本书以积极的社会政策理论为基础，着重研究内蒙古牧区贫困和提升牧民自我发展能力问题。从新形势下的风险冲击着手深入地分析牧民"能力贫困"，为此引入核心概念——社会风险管理框架，并基于这一框架的建立，深入地研究牧区反贫困制度创新问题。研究基于发展的视角，融合风险管理、福利经济学、社会学和心理学理论，在有效分析新形势下牧区贫困社会风险的基础上，从提高牧民自我发展能力的立场出发，探索牧区反贫困制度设计问题，成为本书研究的理论和方法论出发点。

本书研究的基本思路为：

（1）从贫困脆弱性的视角系统地识别和分析牧区和牧民面临的主要社会风险，对不同社会风险产生的渊源展开分析的同时，指出当前牧区社会保障制度以及反贫困政策存在的不足。

（2）人类的脆弱性源于多种因素的综合作用，拥有较高的应对冲击的能力，在面临各种威胁时具有明显的优势。脆弱性首先与收入有关，但收入只是一种尺度，应从多个维度衡量牧民的脆弱性。同时，在社会风险分析的基础上初步探索中国牧区社会风险管理框架。

（3）通过考察牧区社会力量扶贫实践经验，不难发现，在市场经济条件下，如果没有健全的社会保护维系，便不可能有持续的牧区社会稳定与发展。同时，强调政府、市场、社区、民间组织通力合作，共同提供牧区经济保障和社会保护。

（4）基于反脆弱性视角，并根据内蒙古牧区贫困脆弱性分析得出结论，结合资产建设理论，有必要探索适合我国国情的牧区社会风险管理框架体系。通过采取提高牧民资产积累和牧区社会资本存量，提升牧民反脆弱能力，消除牧民经济社会参与壁垒的切实有效的政策措施，促进牧民能力的提升，最终实现牧区经济社会协调发展。

研究时，将反贫困政策置于不同地区的差异与共性的比较分析框架内，将理论创新与社会调查相结合，将扶贫的一般规律与牧区的实践特殊性相结合，探讨牧区贫困落后的制度变化等深层动因，建立相应的经济模型，总结出牧区反贫困的一般规律，并提出相应的政策建议。

二、研究方法

本书将综合运用牧户问卷调查、机构访谈、焦点小组讨论、关键知情人访谈等调查方法和文献研究、案例研究、描述统计分析和计量经济模型等研究方法。

对于研究内容1（牧区扶贫与牧民能力建设分析框架构建），通过文献综述方法对贫困研究及"能力建设"的理论和方法进行梳理，借鉴世界银行的社会风险管理框架建立牧区扶贫及牧民能力建设研究分析框架。

对于研究内容2（牧区社会风险的识别），基于实地调研数据，运用层次分析法，实证研究牧户面临的风险冲击。

对于研究内容3（牧区社会风险的衡量），采用一般描述性统计、计量经济学方法以及牧户问卷调查、机构访谈、焦点小组讨论、关键知情人访谈等调查方法，借鉴世界银行的社会风险管理框架，考察新形势下牧户生计背景以及脆弱性。

对于研究内容4（研究其他社会保护因素的影响与作用），采用专家访谈、直接观察等调查技术与方法，结合研究内容，对影响牧户生计的各主要社会保护制度进行研究，同时收集二手资料，加以整理分析，考察非正式社会保护制度在降低牧户面临风险冲击方面的影响及作用。

第四节 基本观点和主要内容

一、基本观点

（一）反贫困关键在于对贫困人口的"赋能"，即提升贫困牧民的自我发展能力

贫困的根源不是收入低下问题，其本质是生活压力和不确定性。贫困，不仅仅在于一个人享受的物质水平低下，而更在于其生活的压力和不确定性。物质贫乏对人的心理造成压力，从而会让人陷入一个思维陷阱，不能自拔。贫困带给牧民的负面影响不仅是缺钱和物质生活的窘迫，而且是心理上的和生理上的压力。贫困牧民之所以贫困，不是因为他们不努力，不想改变现状，而是因为长期贫困，这些牧民失去了摆脱贫困的能力，包括智力和判断力，这种状况得不到改善，牧民个人及其家庭再努力也很难摆脱贫困。而针对牧区的扶贫政策如果仅仅着眼于提高牧民的收入，满足他们的物质需要，简单地进行物质援助或发钱给贫困牧民，贫困牧民由于发展能力欠缺，也可能会无法利用好这些福利以脱贫。现

行的牧区制度化扶贫是一种开发式扶贫，其政策效应日益削弱：牧区绝对贫困人口更为分散；相当数量的贫困牧民没有能力从扶贫项目中受益；扶贫策略也难以有效针对疾病、教育等致贫风险。因此，牧区扶贫政策在收入救助的同时，更应该注重提高牧民应对贫困风险的能力，即提高其反脆弱性。

（二）以人为本，注重扶贫同扶志、扶智相结合

贫困的可怕，不在于物质的贫乏，而是对人的思想的影响。贫困的本质是生活压力和不确定性。最新研究表明，这种影响能够遗传。贫困家庭小孩因为生活充满不确定性，规划未来毫无意义，所以他们最理性的选择是"今朝有酒今朝醉"。能让下一代人摆脱贫困的关键不仅仅在于物质供应，更在于能否通过教育提供一个稳定的预期。

习近平主席在党的十九大报告中指出，"坚持大扶贫格局，注重扶贫同扶志、扶智结合"，相应地，本书提出要实现自上而下与自下而上相结合的牧区反贫困政策体系，健全社会救助等最基本的社会保障制度，同时，资源入口向全社会开放，人人有机会参与竞争，给牧民创造就业机会，使其有尊严地奋斗。也就是说，牧区摆脱贫困，首要任务是努力增加生产，让牧民有活干。过去主流的观点多主张增加对牧区的资金投入，本书认为牧区减贫脱困并不能单靠资金投入，要摆脱贫困还要靠牧民自身努力，关键在于就业。精准扶贫，其实也是改变以往"给钱"的思路，从"授人以鱼"转变为"授人以渔"，就是从教育、文化、医疗、商业和金融等多个领域切入扶贫工作，尤其是通过"扶志与扶智"，改变部分牧民的"等、靠、要"意识，使其转变为颇具商业思路和经济头脑的各种生意经，积极从事养殖、第三产业等。

综上所述，以人为本是牧区发展战略的落脚点。只有给牧民提供就业机会，让广大牧民群众参与到变革社会的伟大实践中来，才能从根本上改变牧区贫困落后面貌。"自助者天助"，从长远看，只有提高就业才是牧民摆脱贫困的突破口。彻底摆脱贫困唯有自己要求进步。对贫困牧民而言，因为其所拥有的资源很少，如何最有效地利用这些资源是最大的问题。因此，贫困牧民更需要的是有效率的商业，而不是低效的慈善，这样，才不会陷入"扶贫扶贫，越扶越贫"的恶性

循环。通过构建新型牧区反贫困框架，降低其经济脆弱性，使其有机会、有能力同全国各族人民一道创造更加美好的未来生活。

（三）面对新形势下的社会风险，任何单一主体都往往难以在特定时期独立承担其所造成的巨大损失和灾害

改革开放以来，中国先后解决了 7 亿多贫困人口的生存问题，对世界反贫困事业做出了巨大贡献，中国对全球减贫的贡献率超过 70%，成为世界上减贫人口最多的国家。联合国《2015 年千年发展目标报告》显示，中国也是世界上率先完成联合国千年发展目标的国家。

纵观 30 多年的扶贫攻坚战略会发现，众多贫困人口稳定脱贫、贫困发生率显著下降主要是由政府主导的成绩单，而市场与社会力量调动依然不足。2020 年临近，扶贫任务越来越艰巨。在技术快速进步、全球气候变化带来自然灾害频发的大背景下，面对我国经济社会发展的一系列社会问题和社会风险，充分考虑家庭保障、社区及民间组织在处置社会风险与扶贫方面的重要作用，通过构建自上而下与自下而上相结合的牧区社会风险管理框架，将政府保障制度与非正式保护有机结合，努力弥补现有保障能力的不足，从而全面满足牧区群众的生活保障需求并提升其自我发展能力，是牧区扶贫政策的创新之路，也是必由之路。

经过几轮的反贫困实践，内蒙古牧区贫困人口大幅度减少，绝对贫困问题得到了改善。中国经济增长进入"新常态"，牧区社会领域也出现了一些新问题和新现象，未来的不确定性有所上升。如果单纯依靠开发式扶贫等手段将难以有效解决这些新的问题与矛盾。因此，在牧区社会政策领域必须转变观念，将反贫困的重点集中到对贫困人口"赋能"问题上，千方百计提升牧民自我发展能力。社会风险管理是在全面系统的社会风险分析的基础上，综合运用多种机制与风险管理工具，有效发挥政府、市场机制及个人在风险治理和管理中的重要作用，合理配置正式制度与非正式制度资源在扶贫体系中的运用，实现对社会风险的预防、控制、补偿，并为社会成员提供经济保障的一种新型社会保护制度。这既是对传统扶贫制度内涵外延的新拓展，又是适应新的社会环境、有效应对社会风险的一种创新性制度安排。

二、主要内容

（1）牧区扶贫与牧民能力建设分析框架构建。在本书研究的现实背景下，通过文献综述方法对贫困研究及"能力建设"的理论和方法进行梳理，借鉴世界银行的社会风险管理框架建立包括牧区扶贫及牧民能力建设内涵的分析框架。

（2）牧区社会风险的识别。首先，收集有关牧区风险源、风险因素、风险和损失暴露等方面的信息，运用风险分析技术和方法，识别在自然灾害以及工业化、市场化、城市化和全球化冲击下牧区生态恶化、牧民自我发展能力弱化等所导致的重大社会风险暴露。其次，对牧区原有的扶贫政策基本状况做出客观判断。主要研究牧区社会保障制度的历史进步、现实差距、突出问题、制约因素、政府作用等，从而提出构建政府引导和协调下的牧区社会风险管理机制之必要性与可能性。

（3）牧区社会风险的衡量。设计适用于我国牧户脆弱性的测量指标，从经济条件、社会机会、透明性保证和防护性保障等维度全方位衡量牧户的脆弱性；在"以人为本"的科学发展观指导下，深入研究牧区扶贫及能力建设政策体系的设计思想，包括目标、基本理念、基本准则和改革策略等。

（4）研究其他社会保护因素的影响与作用。主要研究传统的家庭保障、社区服务、互助组织等非正式制度安排在牧区扶贫和提升牧民自我发展能力方面的重要作用。

（5）研究牧区扶贫及能力建设体系的政策思路及主要措施，着力在理论和实践的结合上，构建具有中国特色的政府引导和支持下的牧区社会风险管理策略。

本书研究具备一定新意，主要围绕以下几个方面展开：

（1）本书吸收国际社会政策领域新研究成果，将社会风险研究与"潜在能力"研究相互融合，突破了传统的以收入分配为基础的社会保障理论视角，确立了以"潜在能力"建设为目标的牧区社会风险管理理论框架，并基于"潜在能力"建设视角，构建牧区社会风险管理机制，从提升牧民发展能力的高度对牧区社会风险及管理问题进行研究，提出了以牧民资产建设为目标的基础收入设想的观点。

（2）社会风险管理是将风险管理的理念和框架用于社会政策领域的尝试，笔者创新性地将这一全新理念运用于中国牧区社会保护领域，探索社会风险管理机制设计问题。本书从制度整合与体系完善的研究视角，充分运用社会风险管理综合控制、整体协调的管理哲学，立足于我国牧区的现实背景，在制度安排上，提出了包括"政府——社会保障制度、市场——小额保险微型金融、社会——家庭、民间组织"在内的新时期牧区社会风险管理机制创新框架，从而为促进边疆少数民族地区经济、社会及环境可持续发展，促进牧区又好又快发展提供微观层面的决策参考。

第二章 内蒙古牧区贫困风险的识别

党的十八届三中全会提出要努力缩小城乡、区域、行业收入分配差距，形成合理有序的收入分配格局。近年来，随着我国农牧民收入的增长，牧民与农民之间的收入差距及各牧区省份间的收入差距也越发凸显。在牧区发展的历史上，内蒙古牧民的生活水平长期以来是高于内蒙古农民的生活水平的，甚至高于我国内地农民的生活水平。而目前，牧民收入增长缓慢，慢于农村和城镇居民收入的增长速度，牧民贫困化问题较为严重。识别新形势下牧区社会所面临的风险，系统分析牧区社会风险防范机制的建构依据及其运行困境，对于健全农村牧区反贫困制度有着现实指导意义。

第一节 内蒙古牧民收入增长现状分析

一、牧民人均纯收入增长情况

（一）内蒙古牧民实际人均纯收入和名义人均纯收入的对比分析

1978~2015 年，内蒙古自治区牧民收入增长较快。1978 年人均纯收入为 188 元，2015 年牧民名义人均纯收入达到 14996 元，在扣除相应物价因素后内蒙古牧民实际人均纯收入为 1122 元。1978~2015 年牧民名义人均纯收入增长了 14808

元,年均增长率为 13.2%;牧民实际人均纯收入增长了 934 元,年均增长率为 5.1%。以 1978 年为基期,对比内蒙古牧民名义人均纯收入和实际人均纯收入的绝对数,如图 2-1 所示。图中牧民名义人均纯收入和实际人均纯收入均呈现上升趋势,但牧民实际人均纯收入增速明显趋缓。

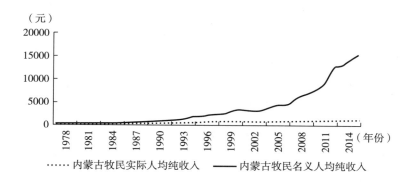

图 2-1　内蒙古牧民名义人均纯收入与实际人均纯收入的总体变化

注:根据《内蒙古统计年鉴》(2015)得到内蒙古名义人均纯收入,以 2004 年内蒙古牧民消费价格为基期扣除物价因素得到实际人均纯收入。

接下来分析同期收入增长率的波动。在图 2-2 中,1978~2015 年内蒙古牧民名义人均纯收入增长率的波动相比实际人均纯收入增长率的波动较大。1978~2015 年的内蒙古牧民名义人均纯收入共出现五次负增长,分别在 1986 年、1990 年、1991 年、2001 年和 2002 年,但整体呈现增长态势。牧民名义纯收入分别在 1983 年、1994 年及 2012 年迎来了三次阶段性增长高峰,其中最高峰为 1994 年,增长率高达 42.96%,比 1990 年出现的最低峰时的 -12.72% 高出 55.68%。相比之下,实际人均纯收入增长率则维持相对稳定的增长,但步入 2000 年后实际收入增速缓慢(见表 2-1)。

(二)内蒙古牧民收入增长率与人均 GDP 对比分析

从上一节的分析发现,内蒙古牧民收入实际增长率慢于名义增长率。接下来对比分析名义人均纯收入增长率与同期的人均国内生产总值增长率情况。

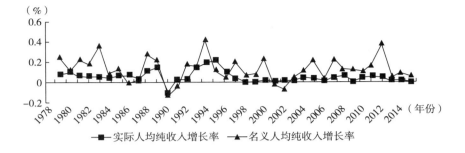

图 2－2　内蒙古牧民人均纯收入增长率

资料来源：根据《中国统计年鉴》（1978～2016）计算而得。2012 年后统计年鉴中将农、牧民的纯收入概念全部改为可支配收入，本书更改。

表 2－1　内蒙古牧民人均纯收入的变化

年份	内蒙古牧民名义人均纯收入（元）	名义收入增长率（%）	指数	内蒙古牧民实际人均纯收入（元）	实际收入增长率（%）
1978	188		100.0	188	
1979	236	25.53	116.8	202	7.48
1980	265	12.29	118.8	223	10.40
1981	326	23.02	137.2	238	6.52
1982	387	18.71	153.0	253	6.45
1983	530	36.95	199.5	266	5.03
1984	573	8.11	206.5	277	4.45
1985	650	13.44	219.9	296	6.53
1986	649	－0.15	205.1	316	7.05
1987	662	2.00	203.3	326	2.91
1988	850	28.40	233.4	364	11.84
1989	1038	22.12	249.0	417	14.47
1990	906	－12.72	244.8	370	－11.22
1991	868	－4.19	230.8	376	1.62
1992	1022	17.74	264.1	387	2.90
1993	1164	13.89	262.5	443	14.59
1994	1664	42.96	314.5	529	19.32

续表

年份	内蒙古牧民名义 人均纯收入（元）	名义收入 增长率（%）	指数	内蒙古牧民实际 人均纯收入（元）	实际收入 增长率（%）
1995	1871	12.44	292.1	641	21.06
1996	1951	4.28	278.1	702	9.53
1997	2345	20.19	321.8	729	3.87
1998	2516	7.29	345.2	729	0.02
1999	2698	7.23	370.5	728	-0.09
2000	3354	24.31	454.2	738	1.41
2001	3277	-2.30	441.0	743	0.63
2002	3052	-6.87	403.9	756	1.69
2003	3201	4.88	418.0	766	1.34
2004	3571	11.56	444.2	804	4.98
2005	4341	21.56	522.8	830	3.29
2006	4502	3.71	532.7	845	1.78
2007	5510	22.39	624.9	882	4.33
2008	6194	12.41	660.5	938	6.35
2009	7071	14.16	755.3	936	-0.17
2010	7851	11.03	810.3	969	3.49
2011	9109	16.02	889.4	1024	5.70
2012	12560	37.88	1168.0	1075	5.00
2013	12981	3.35	1174.3	1105	2.80
2014	14094	8.57	1255.4	1123	1.56
2015	14996	6.40	1336.5	1122	-0.06

资料来源：根据《中国统计年鉴》（1978～2016）计算而得。统计年鉴中对于指数指标的统计只截至 2013 年，故 2014～2015 年两年的指数通过 2004～2013 年的平均值推算而得。

图 2-3 显示，2000 年以前内蒙古牧民名义人均纯收入增长率虽有波动，但多数年份里均高于人均 GDP 增长率，进入 2000 年之后名义人均纯收入增速明显趋缓且低于人均 GDP 增长率的态势持续了 10 年，直到 2012 年牧民名义人均纯收入增长率显著地超过人均 GDP 增长率。然而到 2013 年，人均 GDP 增长率再次超过了名义人均纯收入增长率。

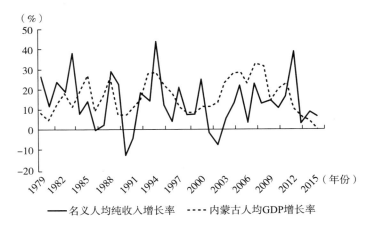

——名义人均纯收入增长率　　---- 内蒙古人均GDP增长率

图 2 - 3　内蒙古名义人均纯收入增长率和人均 GDP 增长率的变化

资料来源：根据《中国统计年鉴》（1978~2016）计算而得。2012 年后统计年鉴中将牧民纯收入改为可支配收入，本书更改。

1978~2015 年，内蒙古名义人均纯收入的平均增长率为 13.2%，内蒙古人均 GDP 平均增长率为 16.05%。37 年间内蒙古牧民名义人均纯收入平均增长率低于内蒙古人均 GDP 平均增长率，如表 2 - 2 所示。

表 2 - 2　内蒙古牧民名义人均纯收入与人均 GDP 的变化

年份	内蒙古牧民名义人均纯收入增长率（%）	内蒙古牧民人均 GDP 增长率（%）
1979	25.53	8.20
1980	12.29	5.25
1981	23.02	12.74
1982	18.71	17.94
1983	36.95	11.46
1984	8.11	19.63
1985	13.44	26.41
1986	- 0.15	9.77
1987	2.00	15.43
1988	28.40	25.95
1989	22.12	6.66

续表

年份	内蒙古牧民名义人均纯收入增长率（%）	内蒙古牧民人均 GDP 增长率（%）
1990	− 12. 72	7. 33
1991	− 4. 19	11. 10
1992	17. 74	16. 08
1993	13. 89	27. 12
1994	42. 96	27. 69
1995	12. 44	21. 91
1996	4. 28	18. 16
1997	20. 19	11. 73
1998	7. 29	8. 55
1999	7. 23	8. 42
2000	24. 31	10. 94
2001	− 2. 30	10. 98
2002	− 6. 87	13. 11
2003	4. 88	23. 00
2004	11. 56	27. 17
2005	21. 56	27. 92
2006	3. 71	22. 75
2007	22. 39	32. 29
2008	12. 41	31. 48
2009	14. 16	13. 96
2010	11. 03	19. 16
2011	16. 02	22. 44
2012	37. 88	10. 20
2013	3. 35	6. 18
2014	8. 57	4. 73
2015	6. 40	0. 08

资料来源：根据《中国统计年鉴》（1978～2016）计算所得。2012 年后统计年鉴中将牧民纯收入改为可支配收入，本书更改。

（三）牧民人均纯收入增长率的横向对比分析

接下来对牧民人均纯收入与农民人均纯收入及城镇居民可支配收入进行对比分析。经过 30 多年的改革开放，中国经济实现了举世瞩目的高速增长，使得中国所有社会阶层的绝对收入都大幅提升。从图 2 - 4 中可以看出，在我们考察的区间范围内，内蒙古牧民人均纯收入、内蒙古农民人均纯收入和内蒙古城镇居民可支配收入均处于增长的趋势。与此同时，内蒙古牧民人均纯收入低于内蒙古城镇居民可支配收入，略高于内蒙古农民人均纯收入。如果从绝对数看，内蒙古牧民人均纯收入与内蒙古城镇居民可支配收入之间的差距越来越大，并有持续扩大的趋势。

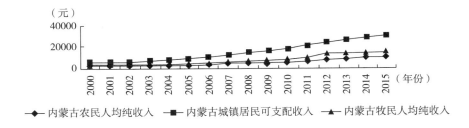

图 2 - 4 内蒙古牧民、农民和城镇居民收入横向对比

资料来源：根据《中国统计年鉴》（2001~2016）计算而得。2012 年后统计年鉴中将牧民纯收入改为可支配收入，本书更改。

如果对牧民人均纯收入、城镇居民人均可支配收入和农民人均纯收入增长速度进行对比，考察期间内蒙古牧民人均纯收入的平均增长率为 14.78%，城镇居民人均可支配收入平均增长率为 13.13%，农民人均纯收入增长率为 13.86%。如图 2 - 5 所示。

由图 2 - 5 不难发现，城镇居民人均可支配收入增长率和农民人均纯收入增长率两个指标的变动幅度相对平稳，而牧民人均纯收入增长率变化幅度较大。比如，2005~2014 年内蒙古牧民人均纯收入增长率全部为正，但牧民人均纯收入的增长率峰值间差 31.21%。项目组在调研中发现，相比于内蒙古城镇居民和农民，牧民从事畜牧业生产，多数牧民仍旧靠天吃饭，靠第一产业维持生计，从事第三产业或者第二产业的牧民少；即便是从事第三产业也只是经营小超市、饭店或者从事交通运输业。且第三产业的收入占牧民总收入的比重小。因此，生计手段单一导致牧民收入更容易受自然灾害、畜产品价格波动等外部冲击影响，可持续发展能力弱，收入增长很不稳定。另外，虽然从数字上看牧民收入高于农民收入，但由于多数牧民在畜牧业生产中不善于经营和进行成本核算、不主动收集市场信息，与市场脱节等现象较为普遍，导致其脆弱性高，收入水平很难提高。如表2-3和表2-4所示。

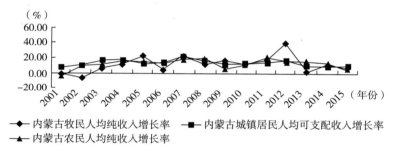

图2-5　内蒙古牧民人均纯收入增长率的横向对比

资料来源：根据《中国统计年鉴》（2001~2016）计算而得。2012年后统计年鉴中将牧民纯收入改为可支配收入，本书更改。

表2-3　农民人均纯收入、牧民人均纯收入、城镇居民可支配收入对比

年份	内蒙古农民人均纯收入（元）	内蒙古城镇居民可支配收入（元）	内蒙古牧民人均纯收入（元）
2000	1868	5129.1	3354
2001	1784	5539.9	3277
2002	1948	6051	3052
2003	2133	7012.9	3201
2004	2465	8123	3571
2005	2813	9136	4341
2006	3188	10358	4502
2007	3750	12378	5510

续表

年份	内蒙古农民人均纯收入（元）	内蒙古城镇居民可支配收入（元）	内蒙古牧民人均纯收入（元）
2008	4467	14433	6194
2009	4656	15849	7071
2010	5222	17698	7851
2011	6299	20407	9109
2012	7313	23611	12560
2013	8429	26004	12981
2014	9441	28350	14094
2015	10228	30594	14996

资料来源：根据《中国统计年鉴》（2001～2016）计算而得。2012 年后统计年鉴中将牧民纯收入改为可支配收入，本书更改。

表2－4　内蒙古牧民人均纯收入、城镇居民可支配收入、农民人均纯收入增长率

年份	内蒙古牧民名义人均纯收入增长率（％）	内蒙古城镇居民人均可支配收入增长率（％）	内蒙古农民人均名义纯收入增长率（％）
2001	－2.30	8.01	－4.55
2002	－6.87	9.23	9.19
2003	4.88	15.90	9.50
2004	11.56	15.83	15.56
2005	21.56	12.47	14.12
2006	3.71	13.38	13.33
2007	22.39	19.50	17.63
2008	12.41	16.60	19.12
2009	14.16	9.81	4.23
2010	11.03	11.67	12.16
2011	16.02	15.31	20.62
2012	37.88	15.70	16.10
2013	3.35	10.14	15.26
2014	8.57	9.02	12.01
2015	6.40	7.92	8.34

资料来源：根据《中国统计年鉴》（2001～2016）计算而得。2012 年后统计年鉴中将牧民纯收入改为可支配收入，本书更改。

二、内蒙古牧民收入差距分析

（一）内蒙古各地区牧民收入的差距

内蒙古全区面积为118.3万平方千米，辖9个地级市、3盟，共计22个市辖区、11个县级市、17个县、49个旗、3个自治旗。近年来，内蒙古自治区在全国经济格局中的地位不断上升，地区生产总值在各省区市中的位次有所提升。但与此同时，内蒙古各地区之间存在经济发展水平差异，牧民收入也存在不平衡。

内蒙古自治区幅员辽阔，土地国境线长4200千米，南北跨度1700千米，东西直线距离2400千米。各地区牧民人均可支配收入有较大的差异。为了便于分析，根据地理区域将内蒙古自治区划分为三个部分，并利用三个地区牧民人均可支配收入的绝对数进行综合对比，如图2-6所示。

图2-6显示了2014年内蒙古牧民人均可支配收入的地区间差异。如果考察某一地区，在同一地区内也存在较大收入差异。如同在东部地区的兴安盟和呼伦贝尔市的牧民人均可支配收入则相差3476元；同在西部地区的阿拉善盟和巴彦淖尔市的牧民人均可支配收入则相差1996元。通过比较我们还发现，中部地区的牧民人均可支配收入在三个区中最低，同时也是收入差异最大的；西部地区的牧民人均可支配收入在三个区中最高，但同一地区收入差距却是最小的。

长久以来，内蒙古各地区经济发展水平差异不大，居民收入水平也无明显差距。改革开放以来，状况发生了一些变化。调研中发现，内蒙古贫困人口的分散程度不同：西部贫困人口的分散性比东部更高。内蒙古师范大学王来喜教授的研究认为，西部地区的贫困人口主要集中在蒙古族相对聚居的牧业旗里，而东部地区的贫困人口主要集中在蒙古族相对聚居的半农半牧旗里[①]。

---

① 王来喜，高凤祯，王秀艳.内蒙古东西部贫困问题比较研究 [J].中央民族大学学报（哲学社会科学版），2010（1）.

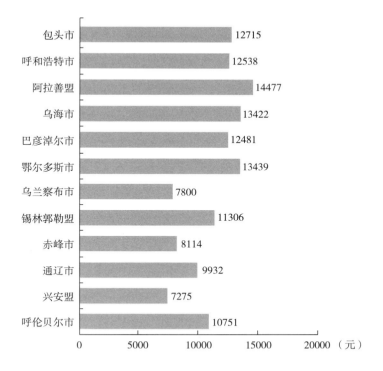

图 2 - 6　2014 年内蒙古牧民人均可支配收入的地区间差异

资料来源：根据《内蒙古统计年鉴》（2015）整理所得。

（二）牧民家庭生活消费差距

中国的财富差距扩大已经成为人们关注的焦点。人们财富占有上的差距成为收入差距的新驱动因素。牧民家庭的财富种类相对少，主要包括家庭所拥有的住房机器、工厂和金融资产。在整体上，内蒙古牧区发展的经济基础与社会环境有了明显的改善，但畜牧业发展和牧民收入增长还是缓慢，而且收入差距有扩大趋势。如果想考察某一群体成员过得如何，分析该群体消费情况是个不错的选择。课题组萨如拉教授对 2014 年内蒙古 1011 户牧民家庭的调查发现，随着牧民收入的增长，牧民消费呈现出新变化，多数家庭在食品、衣着类、居住类、交通工具、通信等方面的生活消费支出普遍较大，表明近年牧民生活水平进一步提高；而多数家庭没有文体娱乐消费支出，占比为 84.2%。没有旅游支出的家庭占受访家庭的

92.3%，表明牧民生活水平与城镇居民相比还有较大差距。如表 2 - 5 ~ 表 2 - 11
所示。

表 2 - 5　食品消费支出

食品消费支出	频次（户）	百分比（%）
1000 元以下（含 1000 元）	44	4.4
1001 ~ 5000 元	286	28.3
5001 ~ 10000 元	295	29.2
10001 元及以上	386	38.2
合计	1011	100.0

表 2 - 6　衣着消费支出

衣着消费支出	频次（户）	百分比（%）
没有衣着消费支出	70	6.9
1000 元以下（含 1000 元）	232	23
1001 ~ 5000 元	505	50
5001 ~ 10000 元	138	13.6
10001 元及以上	66	6.5
合计	1011	100.0

表 2 - 7　居住消费支出

居住消费支出	频次（户）	百分比（%）
没有居住消费支出	636	62.9
1000 元以下（含 1000 元）	191	18.9
1001 ~ 5000 元	133	13.2
5001 ~ 10000 元	31	3
10001 元及以上	20	2
合计	1011	100.0

表 2 - 8　交通工具消费支出

交通工具消费支出	频次（户）	百分比（%）
没有交通工具消费支出	291	28.8
1000 元以下（含 1000 元）	237	23.4
1001～5000 元	264	26.1
5001～10000 元	109	10.8
10001 元及以上	110	10.9
合计	1011	100.0

表 2 - 9　通信消费支出

通信消费支出	频次（户）	百分比（%）
没有通信消费支出	65	6.4
1000 元以下（含 1000 元）	363	35.9
1001～3000 元	388	38.4
3001～5000 元	145	14.4
5001 元及以上	50	4.9
合计	1011	100.0

表 2 - 10　文体娱乐消费支出

文体娱乐消费支出	频次（户）	百分比（%）
没有文体娱乐消费支出	851	84.2
1000 元以下（含 1000 元）	99	9.8
1001～5000 元	47	4.6
5001～10000 元	8	0.8
10001 元及以上	6	0.6
合计	1011	100.0

表 2 -11　旅游支出

旅游支出	频次（户）	百分比（%）
没有旅游支出	934	92. 3
1000 元以下（含 1000 元）	10	4
1001 ~ 5000 元	40	1
5001 ~ 10000 元	14	1. 4
10001 元及以上	13	1. 3
合计	1011	100. 0

牧户入户调查数据还显示，样本牧户中家庭年最高食品消费支出超过 10000元的占 38.2%，而最少为不足 1000 元，占比 4.4%，消费金额极差为 9000 元以上，如表 2 -5 所示。家庭年衣着类消费支出 10000 元以上者占比为 6.5%，而最低为 0 元，占比 6.9%，衣着类消费支出极差超过 10000 元，如表 2 -6 所示。仅从消费支出看，一个地区内部出现较大分化。

三、内蒙古牧民贫困化现状分析

（一）牧民家庭物质生活水平普遍提高

30 多年来，中国创造了经济增长的奇迹：由于搭上经济发展和社会进步的顺风车，包括牧民在内的所有社会成员的物质生活水平普遍提高。受访的 1011户绝大部分家庭都有彩色电视机，占比为 97.3%，其中有 17.5% 的家庭有两台及以上的彩电，如表 2 -12 所示；多数家庭有冰箱或冰柜，占比为 88.7%，其中 12.9% 的家庭拥有两台以上冰箱，如表 2 -13 所示；79.9% 的家庭有洗衣机，如表 2 -14 所示。29% 的家庭有轿车，如表 2 -15 所示；70.7% 的家庭有摩托车，如表 2 -16 所示；27.1% 的家庭有 1 台及以上电脑，如表 2 -17 所示；当然他们也有手机。这说明社会在进步，只要整个社会的蛋糕在做大，哪怕是贫困地区居民，所得到的物质享受都比过去一个中等家庭的人所获得的要多。所以，一个社会能够把蛋糕做大是非常重要的。经济增长、科技创新使得社会上每一个人都能够得益，包括最贫穷的人。

表 2 - 12　拥有的彩色电视机数量

拥有的彩色电视机数量	频次（户）	百分比（%）
没有电视机	27	2.7
1 台	807	79.8
2 台	157	15.5
3 台	17	1.7
4 台	3	0.3
合计	1011	100.0

表 2 - 13　拥有的冰箱或冰柜数量

冰箱或冰柜数量	频次（户）	百分比（%）
没有	114	11.3
1 台	766	75.8
2 台	112	11.1
3 台	12	1.2
4 台	4	0.4
5 台	3	0.3
合计	1011	100.0

表 2 - 14　拥有洗衣机数量

拥有洗衣机数量	频次（户）	百分比（%）
没有	203	20.1
1 台	776	76.8
2 台	28	2.8
3 台	4	0.4
合计	1011	100.0

表 2 – 15　拥有轿车数量

拥有轿车数量	频次（户）	百分比（%）
没有	718	71.0
1 辆	279	27.6
2 辆	14	1.4
合计	1011	100.0

表 2 – 16　拥有摩托车数量

拥有摩托车数量	频次（户）	百分比（%）
没有	296	29.3
1 辆	603	59.6
2 辆	100	9.9
3 辆	10	1.0
4 辆	2	0.2
合计	1011	100.0

表 2 – 17　拥有的电脑数量

拥有的电脑数量	频次（户）	百分比（%）
没有	737	72.9
1 台	258	25.5
2 台	15	1.5
3 台	1	0.1
合计	1011	100.0

（二）牧民生计手段单一，经济脆弱性高

内蒙古牧区相当比例的牧民家庭从事着单一的畜牧业生产，收入来源单一，经济脆弱性高。萨如拉教授组织的调研结果显示，2014 年 85.9% 的户主从事畜牧业生产，如表 2 – 18 所示；而从事林业、渔业等副业的比重小，只占 8.1%，如表2 – 19 所示；受访者中有 89.4% 的人报告没有非农牧业经营收入，只有

10.6%的受访者报告有非农牧业经营收入，如表 2 - 20 所示。

表 2 - 18　户主职业情况

职业	频次（户）	百分比（%）
畜牧业	836	85.9
外出打工	35	3.6
教师/医生	8	0.8
非农/牧自营	15	1.5
公务员	8	0.8
返乡待业大学生	4	0.4
大、中、小学的学生	16	1.6
学龄前儿童	1	0.2
无劳动能力	25	2.6
其他	25	2.6
合计	973	100.0

表 2 - 19　从事林业、渔业

从事林业或渔业	频次（户）	百分比（%）
是	82	8.1
否	929	91.9
合计	1011	100.0

表 2 - 20　2014 年非农牧业经营收入情况

非农牧业经营收入	频次（户）	百分比（%）
是	107	10.6
否	904	89.4
合计	1011	100.0

从上一节的分析看，2000 年以来，内蒙古牧民人均纯收入虽然有所增长，但增长趋缓，而且有两年呈现负增长。从名义增长率看有超过 10% 的年份，但

总体上实际增长率都低于5%的水平，也低于当年的人均地区生产总值的实际增长率。由于牧民生计资产匮乏，收入来源单一，容易受自然灾害、市场供求和价格波动等负面冲击，导致其经济脆弱性高，目前部分牧民生活困难。

（三）牧民生产、生活支出增长快，并出现缺口

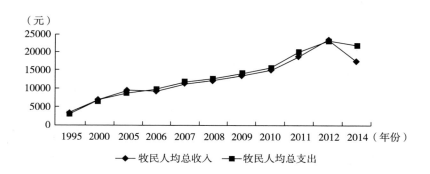

图2-7　内蒙古牧民人均总收入与总支出

资料来源：根据《中国统计年鉴》（1996～2015）整理而得。

从图2-7看，2005年之前，内蒙古牧民的人均总收入还可以支撑起他们的人均总支出，但在2006年及以后，只有在2012年可以勉强平衡外，其余年份的牧民人均总支出均高于牧民人均总收入，这表明大多数牧民处于负债状态。

内蒙古自治区有广阔的农地和丰富的草地资源，为何出现上述情况？一些人认为是因为牧区多年来的过度放牧，导致草场沙化、退化，天然牧场产量下滑，牧民生活困难。课题组对牧民家庭进行了抽样调查发现，近年来牧民生产费用支出增加，导致牧民收入和支出进一步失衡，甚至出现缺口，增加了牧民生计脆弱性。

1. 生产成本提高

生产方面，由于近年来内蒙古地区沙尘天气持续，气候干旱少雨，部分盟市旱情比较严重，牧户春季需要购买饲料，秋季要购进大量的饲草，导致生产消费

支出过大。课题组对克什克腾旗牧民畜牧业生产支出的调研结果显示，受访的273户牧户中只有33%的牧户年干草支出在5000元及以下，67%的牧户购买干草支出在5000元以上，如表2-21所示。

表2-21 2014年购买干草支出金额

购买干草支出（元）	频次（户）	百分比（%）
5000元以下（含5000元）	90	33.0
5001～10000元	45	16.5
10001元及以上	138	50.5
合计	273	100.0

受访的牧民给课题组算了一笔账：该牧户有100只山羊，须有100～150亩草场。冬季还需要圈养半年，资金压力非常大。要购买草料，每斤草料价格为0.8～1元，一只山羊3斤草料，100只山羊半年至少需要43200元的草料；加之圈养牲畜所需要的防疫成本，如请兽医和购买兽药，生产成本攀升至50000元。牛羊等活畜的价格、绒毛价格及牛羊肉价格自2012年以来大幅下滑，在这一结果延续几年的情况下，难以实现"以畜养畜"的局面，牧民基本没有纯收入可言了。最后该牧民说，购买饲草料支出占牧户生产消费支出的50%。

从上述分析看，生产成本迅速攀升的主要原因是灾害频繁，使得饲草料购买增加。自2000年开始，通过退耕还林还草、禁牧休牧、围封转移、生态村建设等政策措施的实施，一方面，为农牧业生产和发展创造了有利的条件，另一方面，畜牧业圈养比例的提高，也相应推高了生产成本（见表2-22）。

表2-22 实施草畜平衡政策后，为保持现有牲畜规模而采取的策略

保持现有牲畜规模采取的策略	频次（户）	百分比（%）
开发饲料地	38	3.8
调解牲畜结构	134	13.3
租用草场	73	7.2
舍饲圈养	512	50.6

保持现有牲畜规模采取的策略	频次（户）	百分比（%）
其他	76	7.5
没有采取任何策略	178	17.6
合计	1011	100.0

2. 牧民生活消费支出比重大

近年来，随着牧民收入的提高，牧民消费呈现新变化：衣食住行等生活必需品消费支出增加，部分牧民家庭拥有摩托车、汽车等高档消费品，牧民生活质量有所提升。说牧民受到了经济增长所带来的益处本无可厚非，但如果将牧民家庭的人情往来消费支出考虑进来，则牧民生活消费支出迅速攀升。受访的1011户牧民家庭90.9%的家庭报告有人情往来支出，且支出金额较大，年支出在5000元以上者占受访者近一半比重（47.5%）（见表2-23）。另外，再加上在医疗、教育方面的花费，如果遇到天灾人祸，致贫返贫率极高。

表2-23　人情往来消费支出

人情往来消费支出	频次（户）	百分比（%）
没有人情往来支出	93	9.1
1000元以下（含1000元）	120	11.9
1001~5000元	318	31.5
5001~10000元	264	26.1
10001元及以上	216	21.4
合计	1011	100.0

（四）牧民借债较普遍

为了平衡家庭开支，相当比例的牧民依靠贷款维持生活和生产。课题组在调研中发现：一方面，正规金融机构对于贷款人的要求越来越高，另一方面，越是收入偏低则越需要贷款。银行考虑其风控问题和各种成本，不愿将钱贷给低收入牧民；牧区基层信用社的贷款手续繁杂、借贷时间短、额度小，最终使得部分牧民只能转而求其次选择民间借贷。课题组成员萨如拉教授在克什克腾旗555户进行的调研结果显示，2012～2014年，只有0.9%的牧户没有借过债；借过1～3次债的牧户占比是82.9%；借过三次以上的占16.2%。如表2-24所示。

表 2 - 24　2012～2014 年借款次数

三年间借款次数（次）	频次（户）	百分比（%）
没有借过	5	0.9
1～3 次	460	82.9
4 次及以上	90	16.2
合计	555	100.0

民间借贷顾名思义就是高利贷，利率在10%～30%，有时可能还要高。牧民借债普遍，在一定程度上反映了牧民受提前消费思想的影响，但主要原因还是内蒙古牧民收入无法支撑其日常各项支出。内蒙古自治区贫困旗县大多表现为产业结构单一，市场化程度低，发展后劲不足。贫困农牧区生产往往以第一产业为主，第二、第三产业发展慢。贫困户基本上还是依靠传统种植业或从事畜牧业为生，生产经营方式简单粗放，靠天吃饭。贫困农牧户通常处于偏僻的交通不便的地区，信息交流不通畅，市场发育程度低，影响贫困地区的经济发展进程。同时，贫困地区农牧民收入来源单一，牧民人均生活支出占收入比例高，储蓄率低，出现下述循环：负债累累→没钱还债→没钱投资→生产率低下（或选择少）→收入水平低→贫困。

综上所述，改革开放以来，内蒙古牧区经济生活发生了巨大变化，牧民生活条件大为改观。但如果进行横向比较，内蒙古牧区经济社会发展方面依然存在严酷的差距，经济、文化和社会发展远远落后于中原地区和南方发达省份。内蒙古作为国家重点扶贫地区，弱势群体数量大，牧区贫困化问题突出，脱贫任务艰巨。

《说文解字》说：贫，财分少也。意思是说贫就是财物越分越少。贫的本意是分割财物，由于财物被分割出去，所以欠缺，这就是贫。古文说人没钱，一般会用"贫"这个字。贫就是缺钱。而穷不是没钱，是到了尽头。贫穷的"穷"在中文里面就是"尽"的意思，就是没有前途的意思，只有没前途的人才是真正的穷人。只要是有前途的人，只要是有一技之长的人，哪怕他在绝对能力上比别人都差，他也有机会找到自己的比较优势，从而有机会走出困顿，摆脱贫穷。

《说文解字》说：穷，极也。从穴，躳声。意思是说，穷是在洞穴里不可行进的终极处。《论语》里有一段对话，说孔子和学生们在陈国断了粮，全都饿得有气无力。子路很不满地问老师，原话是："君子亦有穷乎？"古文里说一个人穷，常常是说他陷入困境，走投无路。今天这两个字已经合二为一，变成"贫穷"了。

当前，牧区的贫困、牧民的贫穷主要是指牧民发展能力低下。中国已经步入新时代，全球化和科技快速进步，因为三个"M"，一切都在"加速"发展。第一个"M"是 Market，也就是全球市场，或者说经济全球化。第二个"M"是摩尔定律，这里讲的是技术进步。第三个"M"是 Mother Nature，也就是人类的大自然母亲，这里讲的是气候变化和环境问题。美国《纽约时报》专栏作家托马斯·弗里德曼在其新书《谢谢你迟到》中说，这三个"M"都在发生剧烈的变化，三股力合在一起，形成了一场飓风。现今，如果认知层次上不去，观念得不到改变，那么在未来可以说是寸步难行的。也就是说，在新形势下，牧民面临着前所未有的生存压力，如果谁思想固化，抱残守缺，则毫无市场竞争力可言，迟早会被淘汰。

实践中，思想观念、认知层次对家庭经济状况有显著影响：富裕家庭中总是思想开放者居多，而保守的家族往往是贫困户居多。因为，思想观念开放一些的牧民家族接受新事物的能力更强，从而可以跟上社会进步的步伐，及时进行经营调整。而思想观念保守的家族往往在做事上更加谨慎，不喜欢改变，做事情更倾向于用老办法。过去，一些人认为贫困主要是个人原因所致，一些人给贫困人口贴上了"懒惰"的标签。在这样的鄙视链条中，牧民的贫困甚至被视为"咎由自取"。这样的价值观和中华民族的价值观并不相符。毋庸置疑，任何人都对美好生活充满向往。尽管贫困的根源有客观因素，亦有主观因素，但只要扶贫工作精准到位，就能唤起人们对美好生活的渴望。"扶贫先扶志"，强调的就是这个道理。

第二节　内蒙古牧区贫困社会风险的识别

认识问题的起源，是解决问题的第一步。识别风险的目的在于了解生活和控制未来。有很多原因导致贫困，贫困通常是多种因素长期综合作用的结果。牧民家庭面临的风险来自环境、气候变化、社会政策、市场和经济政策等多个方面。

一、主要致贫风险分析

人是环境的产物。环境因素包括经济环境、金融环境、政治和法律环境、人口和社会文化环境、物质和技术环境等。环境因素的显著特征是不能为我们所直接控制，经济危机、疾病打击、自然灾害或家庭结构变化，这些风险因素直接影响家庭或个人福利水平。本书将脆弱性背景下影响贫困人口生计的潜在风险因素、风险事故及其造成的风险损失概括为以下几类：

（一）人力资本风险

人力资本主要是指健康、劳动力、教育水平等。对于贫困家庭来说，人力资本风险主要体现在家庭主要成员早逝的风险、健康风险和老年风险。

1. 家庭主要成员的早逝风险

死亡是家庭面临的最大生命风险。当我们研究贫困问题时，死亡风险是特指家长的"未老身故"或称"早逝"风险，即家庭主要成员在劳动年龄内的死亡，从而影响其他家庭成员的生计。对于城镇居民来说，由于医学的进步和更长的期望寿命，早逝风险已经有所下降。但由于牧区生活的艰苦，牧民家庭中的主要劳动力可能会过早去世，而且这种情况的确在发生，使得不幸家庭的家庭成员会面临生活水准降低和财务上的无保障，家庭生活甚至会陷入贫困。

一方面，由于畜牧业生产极度消耗体能，以及牧民受生活环境、饮食习惯影响或限制，生命风险相对高；另一方面，我国医疗资源分配不均，牧区医疗资源匮乏，缺医少药时有发生。牧区医疗保障水平不高，艰苦的牧业劳作很容易造成青壮年牧民身体劳损，导致其健康状况下降，遭遇生命风险的可能性加大。

2. 健康不良风险

疾病是导致健康状况不良的主要原因。疾病是指人身体的部分机能或功能受到损害的情形。严重的疾病或伤害对患者及其家庭来说会带来严重的财务问题。首先，必须支付医疗费用，并且健康护理也是昂贵的，表2-25 显示了重大疾病治疗费用情况。其次，严重的疾病或伤害会导致收入的丧失。当出现长期伤残时，就会出现一系列现象：收入丧失，医疗费用持续发生，积蓄花光，病人还需要其他人照顾，等等。除非在患病期间可以从其他方面获得充足的替代性收入，否则就会处于严重的财务困境。

表2-25　包头市肿瘤医院 2013～2015 年新农合七种恶性肿瘤患者医疗费用

病种	年份	人数（人）	总医疗费用（元）	人均治疗费用（元）	人均治疗次数（次）	次均治疗费用（元）	最高治疗费用（元）	住院治疗次数（次）
肺癌	2013	166	6158206.99	37097.63	3.28	11320.23	146801.32	13
	2014	180	7409068.14	41161.49	3.09	13301.74	181686.82	10
	2015	187	7700254.96	41177.83	2.74	15039.56	154589.35	7
乳腺癌	2013	135	6821658.15	50530.80	4.84	10430.67	158520.82	7
	2014	146	6227785.72	42656.07	4.26	10012.52	158520.82	7
	2015	128	6636696.61	51849.19	4.52	11462.34	176263.82	7
胃癌	2013	66	2863655.31	43388.72	3.20	13571.83	115976.29	10
	2014	80	3554457.33	44430.72	2.56	17338.82	193604.89	6
	2015	75	3951204.13	52682.72	3.43	15374.34	207364.78	11

续表

病种	年份	人数（人）	总医疗费用（元）	人均治疗费用（元）	人均治疗次数（次）	次均治疗费用（元）	最高治疗费用（元）	住院治疗次数（次）
宫颈癌	2013	64	2067099.28	32298.43	2.42	13336.12	118600.87	8
	2014	65	2352955.92	36199.32	1.94	18674.25	176844.39	3
	2015	59	2355127.22	39917.41	1.63	24532.58	92083.39	2
直肠癌	2013	49	2370423.05	48375.98	3.65	13242.59	176844.39	2
	2014	53	2043749.51	38561.31	2.49	15482.95	106673.55	8
	2015	62	3529308.17	56924.33	3.40	16726.58	148471.84	17
结肠癌	2013	37	1751680.59	47342.72	3.81	12423.27	114921.77	11
	2014	56	2303121.28	41127.17	3.43	11995.42	161092.92	9
	2015	41	1749818.5	42678.50	3.17	13460.14	153709.29	11
食道癌	2013	30	1151036.21	38367.87	2.60	14756.87	120803.76	9
	2014	32	1192140.59	37254.39	2.16	17277.40	119051.85	2
	2015	24	780741.27	32530.89	2.08	15614.83	77586.36	6

资料来源：内蒙古保险学会内部资料。

显然，高质量的医疗服务能够保障且促进人类的健康，是实现幸福的一种手段。然而收入已定情况下，高额的医疗开支和生活其他方面的开支之间必然存在着此消彼长的关系。因病致贫和因病返贫是贫困产生的主要原因之一。

内蒙古自治区扶贫部门经过多年努力，扶贫工作成效显著，目前内蒙古扶贫攻坚的重点主要是远离城镇、地处偏远地区的农牧区贫困人群。贫困农牧区基本公共服务投入不足，医疗卫生条件差，缺乏专业卫生技术人员。社会医疗保险保障方面也存在城乡差异。当前新型农村合作医疗保险的保障水平低，个人自付费用高，与城镇人口的医疗保障相比仍有较大差距。

因病致贫、因病返贫是造成贫困的重要因素。国务院扶贫办建档立卡的数据显示，2015 年底，全国建档立卡贫困户中，因病致贫的占到 44.1%，患大病、重病的 240 万人，患长期慢性病的 960 万人[1]。目前，社会医疗保险已经覆盖了

---

① 陈芳. 农村贫困人口 44% 为因病致贫　健康扶贫怎么扶［EB/OL］. 凤凰资讯，http：//finance. ifeng. com/a/20160705/14563491_ 0. shtml，2016 - 07 - 05.

绝大部分人群，然而一些重病、慢性病的报销比例低，其余要自付。尽管全民医保的目标已经初步实现，但普惠性和公平性仍然不足。健康不良风险不仅是贫困牧民要面对的社会风险，也是已经摆脱贫困的中低收入群体面临的主要风险。

3. 老无所养风险

年老是一种正常的生理现象。劳动者经过青年、壮年的劳动生活而步入老年，逐步退出生产领域，是自然规律，无所谓风险——即不存在不确定性。然而，现代社会中，人到老年后将面临的首要问题是劳动能力下降甚至完全丧失劳动能力时收入来源锐减直至消失。

随着我国经济的高速发展，居民生活水准显著改善，我国人口平均寿命不断提高，老年人口占社会总人口的比重也在不断上升。第六次人口普查数据显示：60 岁及以上的老年人已达 1.85 亿人，占人口总数的 13.7%；65 岁及以上的老年人已达 1.23 亿人，占 9.1%。预计 2035 年前后，我国老年人口规模将比现在翻一番，进入超级老龄化社会①。更为突出的问题是我国农村人口老龄化程度比城镇更为严重。2010 年我国 60 岁以上农村老年人口为 9930 万人，较城镇高出约 2100 万人。农牧区老龄化比城市严重，西部比东部严重，因为农村牧区大量的年轻劳动力都到城市谋生。平均寿命有延长的趋势，使得老年人口的平均寿命越来越长，随着寿命的延长所需生活费用也必然相应增多。可见，要真正解决农牧民老有所养问题，还有很长的路要走。课题组萨如拉教授入户调研 193 户结果显示，2014 年 79.3% 的牧区养老金领取者养老金（年）收入在 2000 元以下，如果综合考虑通货膨胀、物价高涨等因素，目前的养老金很难支撑老年人生活费用（见表 2 - 26）。

---

① 长江养老保险股份有限公司党委中心组. 养老金市场亟待金融创新襄筑金色"中国梦"［N/OL］. 上海金融报，http://insurance.jrj.com.cn/2013/09/06105915800853.shtml，2013 - 09 - 06.

表 2 - 26　2014 年养老金收入

养老金收入（元）	频次（户）	百分比（%）
2000 元以下（含 2000 元）	153	79.3
2001 ~ 5000 元	30	15.5
5001 元及以上	10	5.2
合计	193	100.0

（二）自然资本风险

自然资本指土地及其产出、林木产品、水、土壤、大气、动物多样性等自然环境的综合水平①。人类所面临的灾害风险主要来自自然灾害，包括气象气候灾害、地震、生物、海洋灾害等。2016 年，全球因自然灾害相关经济损失约为 1660 亿美元。自然灾害是影响牧民经济生活、物质生产及生命安全的重要风险因素。内蒙古牧区大多数是干旱半干旱、高寒高海拔地区和边疆地区，受自然灾害影响比较大。近年来，牧区的极端天气现象明显增多，草原旱灾、雪灾、风灾等气象灾害和鼠虫害呈频发、重发态势，严重影响着畜牧业生产，导致牧区贫困化加剧。严重且频发的自然灾害迫使牧户低价出售牲畜以维持基本生活消费，造成自然灾害之后无法重新获得牲畜来从事畜牧业生产，其生计脆弱性不断增加。

据自治区民政厅统计，2013 年雪灾造成全区 8 个盟市 44 个旗县的 77 万人受灾，转移安置 3721 人，需救助人口约 26 万人；设施农作物受灾 33963 公顷②，绝收 1164 公顷；倒损房屋 5157 间；直接经济损失 6.9 亿元。2014 年赤峰市多个地区遭受严重旱灾，当地农牧民损失严重。在持续高温下，赤峰市 7 个旗县区农牧业生产严重受损，直接经济损失超 13 亿元③。2015 年 12 月，内

---

① 潘国臣、李雪. 基于可持续省级框架（SLA）的脱贫风险分析与保险扶贫［J］. 保险研究，2016（10）.

② 内蒙古东部地区遭遇严重白灾 26 万人需紧急救助［EB/OL］. 北方网新闻，http：//www. enorth. com. cn，2013 - 01 - 06.

③ 赤峰 7 个旗县区旱情严峻直接经济损失超 13 亿元［EB/OL］. 内蒙古晨报，http：//www. nmgcb. com. cn/news/mengshi/2016/0706/114428. html，2016 - 07 - 06.

蒙古雪灾持续,有 170 余万人和近 2000 万只牲畜受灾[①]。同时,呼伦贝尔多地出现 -40℃ 以下的极寒天气,带来严重的生命财产损失,以及农牧民生活方面的巨大困难。

美国演化生物学家、生理学家、生物地理学家、探究人类社会与文明的思想家贾雷德·戴蒙德在其著作《枪炮、病菌与钢铁》中写道:"不同的民族的历史遵循不同的道路前进,其原因是民族环境的差异,而不是民族自身在生物学上的差异。"牧区生存环境艰苦,自然灾害带来巨大的人员伤亡,也会使受害人的家庭收入受到损失,从而带来财务上的无保障。多种灾害的频繁发生,严重影响着牧民的正常生产生活。只有面对现实,用风险管理理念认识和管理灾害,才能在最大程度上减轻灾害,谋求人和经济社会的可持续发展。

(三)金融资本风险

金融资本是指储蓄、借贷、工资及其他外部资金等[②]。在风险冲击发生时,经济主体手里的现金越多,度过危机的概率越大。牧民生计手段单一,人均纯收入低,储蓄额低,金融资本存量低。在扩大再生产过程中和遇到生计波动时,多数牧民很难获得正规金融机构资金支持。资金匮乏是影响贫困牧民打破贫困恶性循环的重要阻碍。正规金融部门不愿意发放贷款给贫困牧民,其实是担心牧民还款违约:贫困牧民投资失败,无力偿还贷款;或者因为该家庭的主要劳动力遭受意外伤残和死亡等情况,无力偿还贷款。

(四)物质资本风险

物质资本指安全住所、交通、饮水与卫生设施、能源、通信等基础设施及生产工具和设备等。牧区物质资本风险主要包括生态环境风险、制度风险。

---

① 我区雪灾持续 170 余万人近 2000 万只牲畜仍受灾 [N/OL]. 北方新报,http://hhht. news. 163. com/15/1228/09/BBTP4EE903390QOV. html,2015 - 12 - 28.

② 潘国臣,李雪. 基于可持续省级框架(SLA)的脱贫风险分析与保险扶贫 [J]. 保险研究,2016(10).

1. 生态环境风险

环境风险是指人类行为可能会造成的对人的伤害，以及对自然环境的灾难性损害。草场是牧民繁衍生息的自然基础。牧民生产要靠牲畜，而养殖牲畜靠草场。内蒙古牧区天然草场退化，提高了牧民生计脆弱性，影响了牧民收入增长。自然灾害、过度放牧等均为草场退化的原因。近几年生态环境风险引起各界广泛关注并遇到牧民强烈抵制的原因是环境污染带来了一系列问题。

大量的东南部污染企业向西北部生态脆弱区域转移，造成了严重的环境污染事件发生，甚至导致民族纠纷和社会的不稳定。内蒙古扎鲁特电解铝厂氟污染案（2007～2016 年）就是其中的一个例证。因无有效治理，草原污染面积逐年扩大，目前已达约 5000 平方千米，污染区域已经危及狼图腾故地——东乌珠穆沁旗草原南缘。已因污染死亡牲畜数万只，引起牧民强烈不满。

内蒙古霍林郭勒、扎鲁特区域不是铝矿富集区域，只有劣质褐煤埋藏量大的优势，该区域属于干旱、半干旱，水资源严重匮乏地区，自然降雨无法冲淋含氟污染物，而且河流都是内陆河，没有将冲淋的污染物排放到海洋的可能性，含氟污染物只能就地富集，对草原生态系统及动植物、人类造成疫病甚至致命的伤害，并会严重破坏草原生物多样性和草原生态系统。

许多部门打着生态移民的大旗，却保护污染企业与利益集团和地方政府财政利益。扎鲁特草原地区是内蒙古少数民族聚集区，破坏生态环境的污染企业不但破坏生态环境，同时破坏了草原文化。

2. 制度风险

制度风险在此处特指政府的有关牧区经济政策失误。改革开放以来，在我国社会经济空前高速发展，举世公认创造了"经济奇迹"的背景下，内蒙古牧区的自然社会经济陷入空前危机，很大程度上与政府在牧区的政策出现失误有关①。目前，内蒙古各地天然草地退化严重，如表 2 - 27 所示。

---

① 海山．内蒙古牧区贫困化问题及扶贫开发对策研究［J］．中国畜牧杂志，2007（10）．

表2-27　内蒙古各盟市天然草地退化情况

盟市	草地可利用面积（万公顷）	退化草原面积（万公顷）	占草地可利用面积百分比（%）
阿拉善盟	978.57	156.12	15.95
巴彦淖尔市	462.44	186.71	40.37
鄂尔多斯市	478.92	308.18	64.35
乌兰察布市	508.44	261.51	51.43
乌海市	12.51	8.00	63.93
包头市	42.44	25.26	59.51
呼和浩特市	14.93	9.12	61.11
锡林郭勒盟	1766.10	728.58	41.25
赤峰市	464.14	293.20	63.17
通辽市	371.36	241.43	65.01
兴安盟	261.22	75.87	29.05
呼伦贝尔市	998.05	209.71	21.01

资料来源：李杰.内蒙古农牧区微型金融反贫困问题研究［R］.研究报告，2016.

2000年以来，在缺乏科学论证、投入不足、措施不配套的情况下，强行实施的"围封转移战略""春季休牧""禁牧还草""畜种改良"等措施不仅没有遏制草原生态环境恶化趋势①，而且直接加剧了牧民的贫困化。近几年，以牧区矿产资源开发为主要内容的发展政策，对于牧民而言，更是雪上加霜。

（五）社会资本风险

社会资本概念强调在个体行动基础上形成的价值观、互惠网络、信任等文化因素对减少信息不完全带来的风险和不确定性，从而对社会良性运行和发展具有重要作用②。牧民的社会资本主要体现为他们与周围人群及社会组织之间所建立的较为稳定的信任及信用关系。由于受到经济发展水平、社会进步程度等制约，内蒙古牧区在社会转型过程中存在着家庭社会资本弱化、社会失序和紧张等大量

---

① 海山.内蒙古牧区贫困化问题及扶贫开发对策研究［J］.中国畜牧杂志，2007（10）.
② 哈斯其其格.社会资本视角下社会主义新农村建设［J］.经济论坛，2010（2）.

的社会资本风险。尤其是贫困牧民受到金融资本水平、物质资本水平、收入水平等的钳制，使其在社会群体中的信用度较低，因而在牧区社会人情往来中处于不利地位。构建社会主义和谐新牧区，除了完善和加强正式制度建设之外，还需要建立与市场经济相一致的行为规范等非正式制度。

（六）其他风险

转型期牧区社会的自然和传统属性不断消解，社会生产和生活中的不确定性提高，并且其发展趋势是从"外部风险"逐渐向"人为风险"转移。即在某些情况下，人们自己也需要对其自身出现的经济无保障负有责任。

市场经济是风险经济，个人或团体的经营行为或者经济环境变化会导致经济损失。在牧民生产和销售等经营活动中，受各种经济因素变化的影响或经营者决策失误，对前景预期出现偏差等，导致经济损失。比如生产增减、价格涨落、经营盈亏等风险。主要表现为因农牧产品市场价格大幅变化导致产量大幅波动、牧民收入不稳定等。

规模经济、合作化等经营方式有助于降低经营风险。目前牧区生产经营方式多为"小牧经济"，生产经营较为分散。课题组对 1011 户调研发现，受访者中62.5%的牧户仍坚持一家一户的家庭经营模式。而这种"小牧经济"无法抵御市场风险。如表 2 - 28 所示。

表 2 - 28　经营方式的选择

经营方式	频次（户）	百分比（%）
仍坚持一家一户的家庭经营	632	62.5
发展成专业大户或家庭经营	85	8.4
家庭经营与合作经营结合	100	9.9
合作经营	126	12.5
参与企业化经营	10	1.0
集体经营	17	1.7
其他	41	4.1
合计	1011	100.0

牧民生计来源单一，出售牛羊肉对于内蒙古农牧民来说是最主要的经济来源。自 2012 年以来畜产品的价格下滑导致了牧民丧失经济来源，越来越多的牧民只能依靠贷款维持生计。不仅牛羊肉价格如此，持续下滑的牲畜价格也加剧了牧民的贫困化。进入 2015 年，牛羊肉价格比 2014 年下跌较多。比如说，2014 年一只绵羊 800 ~ 1000 元，而 2015 年，一只绵羊还不到 500 元。2014 年能卖 8000 元的牛犊，2015 年成交价不到 5000 元。

市场风险是客观存在的，牧民进入市场经济的时间不长，牧区市场经济尚不成熟，加上自然环境的影响，以及受结婚、离婚、酗酒、赌博等影响，牧民日子不好过，很难靠一己之力实现脱贫。未来，政府应该加强对牧区市场的调控，运用相关的经济手段，如价格指数保险等方式减轻市场波动和牧区经济震荡。

二、牧区贫困的后果及危害

收入不足和贫困的风险是人们不希望遇到的，生命中的生老病死伤残、各种自然灾害、市场及制度风险等负面冲击，人人唯恐避之不及，而个人或者其家庭一旦不幸陷入其中，其后果或影响是深远的。

（一）贫困牧民不能共享社会、经济发展成果

改革开放 40 多年，中国创造了经济增长奇迹，人均 GDP 从 1978 年的 200 美元提高到目前的 8000 美元，民众生活水平显著提升。但经济社会发展带来的成果在各个社会群体间分布不均衡，不同社会群体之间存在收入不平等，有疏离感，不同群体之间机会不平等，还存在社会分化。

从理论上讲，社会发展的成果应当由全体社会成员共享。而就我国目前的现实看，社会发展的成果远未实现共享，这是当前我国社会发展中存在的突出矛盾之一。城乡差距的表现是多方面的，不仅有收入水平之间的差距，还有教育、医疗、社会保障等社会发展方面的差距，因而是整体意义上的差距或不平衡①。

---

① 哈斯其其格．中国转型期农村社会风险管理机制研究［D］．西南财经大学博士学位论文，2009.

中共中央一号文件持续聚焦"三农"问题，彰显了"三农"工作的重要地位。中共中央、国务院极其重视农牧民增收问题，并为农牧民增收指明了方向。2016 年，《关于落实发展新理念加快农业现代化实现全面小康目标的若干意见》指出，推进农村产业融合，促进农牧民收入持续较快增长；推动城乡协调发展，提高新农村建设水平。并且党中央、国务院针对农业劳动生产率低、农村生产力落后、农民收入增长缓慢，出台了一系列支农、惠农的政策措施，如"两减免、三补贴"等政策，使广大农牧民得到了很大实惠。

但是，在当前市场经济条件下，由于人们认知上存在的差距，有一种似是而非的思想，他们打着尊重科学规律和以经济效益为本的旗号，主张责备受害者，赤裸裸宣告个体平等；主张牺牲受害者，其底层逻辑是物竞天择弱肉强食。这样的结果只能导致社会冲突，最终导致管理成本提高和发展的不可持续①。

（二）经济发展的失衡引发的心理失衡影响民族地区和谐稳定②

改革改变了原有利益格局和平衡机制，这必然引起社会群体地位的重新排序。事实上，农牧民负担重、"相对剥夺"等问题不仅是数量问题，而且是认知和行动建构问题。如果没有心理上的认知，农村牧区居民就感觉不到风险的压力。而心理上的认知也是行动建构的基础，人们只有知道或者感觉到风险问题的存在和严重性，才会采取相应的社会行动③。

社会心理学家曾以"意义采择说"（Meaning – making Theory）研究过人们在风险社会的平衡—失衡的心理反映问题。人们对社会风险所引起的一系列变化的理解和预期等，属于意义范畴。如何采择这些意义，决定着人们究竟接受哪些意义和否定哪些意义。如果变化与个体的内化水平相匹配，个体对变化所内含的意义没有异议，则意义采择活动就没有冲突，个体也就处于平衡状态。如果变化与个体的内化水平不相匹配，变化对个体的要求高于或低于个体的接受水平，则个体对变化所内含的意义就会产生异议，采择活动就会出现冲突，个体也就处于失

① 盖志毅. 新牧区建设与牧区政策调整——以内蒙古为例［M］. 大连：辽宁民族出版社，2011.
② 哈斯其其格. 中国转型期农村社会风险管理机制研究［D］. 西南财经大学博士学位论文，2009.
③ 王春光. 农村社会分化与农民负担［M］. 北京：中国社会科学出版社，2005.

衡状态。失衡有可能使个体无法解决面临的心理问题，反对新的理念，曲解新的意义，从而以失调的心态背离社会现实①。

在内蒙古牧区，两极分化造成了牧民之间的不平衡，比如，富裕牧民对贫困牧民的剥夺在牧区时有发生。贫富分化的因素中，除了有劳动和经营的差异外，也有资本占有量上的差别：牲畜少的牧户没有资金建造围栏，但拥有最多牲畜的牧户却早已将自己的草场围好。富户便有机会无偿占有贫困户的草场，贫困户却无法阻止或平等地将自己的草场出租并收取租金②。可以说，市场化改革在打破传统利益分配与协调机制的过程中，成熟的公平合理的利益表达、保障与协调机制并没有迅速形成，使得各阶层不仅对已有的制度性规则不信任，同时不能有章可依。

在经济发展过程中产生矛盾和利益对立也是无法避免的，如果处理不当会造成民族地区社会动荡。成熟、公平、合理的利益表达机制不可或缺。当前牧区社会快速转型，但这些缓冲和释放机制并没有形成。这是当前牧区社会许多矛盾出现的重要原因。建立规范的补偿机制、利益表达机制是今后牧区社会保护制度建设的必然要求③。

（三）贫困代际传递，造成新的不公平

根据美国学者克里斯蒂安·库珀 2017 年发表在《鹦鹉螺》杂志上的文章，贫困的本质，是生活压力和不确定性。科学家最新的研究结果认为：生活压力和不确定性，给穷人带来的，不仅仅是落后的思维模式，更是生理上的问题。压力会改变人的基因表达。贫困会导致人的压力增大。如果人持续处在高压状态，他的 DNA 的甲基化水平会受到影响。甲基化水平会影响基因表达，基因表达决定了一个人身上有哪些特性能发挥出来，哪些特性发挥不出来。

过去 10 年以来，多方面的研究表明，贫困对人影响极大：减少人的大脑的

① 李维. 风险社会与主观幸福——主观幸福的社会心理学研究［M］. 上海：上海社会科学出版社，2006.
② 盖志毅. 新牧区建设与牧区政策调整——以内蒙古为例［M］. 大连：辽宁民族出版社，2011.
③ 哈斯其其格. 中国转型期农村社会风险管理机制研究［M］. 成都：西南财经大学出版社，2010.

表面积；缩短人的线粒体端粒，这意味着寿命的缩短；增加得肥胖症的可能性；让人更愿意冒不必要的风险。以前有句话是"人穷志短，马瘦毛长"，大概是说，贫困对人的影响是心理上的。现在看看这些研究，贫困对人的影响，其实也包括生理上的。人穷不但志短，而且人的线粒体端粒也变短。这还不是最严重的。最严重的是一种可遗传的贫困机制。正如老百姓平时所言"龙生龙，凤生凤，老鼠的孩子会打洞"，这个类比的专业名词叫"贫困的代际传递"，是指贫困以及导致贫困不利因素的遗传，就是子代重复亲代的贫困境遇①。

畅销书《稀缺》所说的不是经济学上的"稀缺"，而是物质贫乏对人的心理压力，结论是：贫困会让人陷入一个思维陷阱，不能自拔。也就是说，贫困最可怕的，不是物质的贫乏，而是对人的思想的影响。陷入贫困的思维模式，才是真正的贫困。科学家对这个问题还在研究之中，但有证据表明，基因表达是可以遗传的。这就意味着贫困人口的后代，一出生就有"贫困病"——哪怕他一天苦日子都没有挨过。荷兰近代历史发生过严重的饥荒，结果科学家就发现：经历了那次饥荒的荷兰人所生的后代，遗传了父辈的心理高压。因此，贫困带来的压力有一种生理作用，可以持续一生；这个效应是可以遗传的。压力遗传，就是这个人天生容易对生活中的困难反应过度。他无法做什么长远打算，特别容易把注意力集中在短期的事情上。

贫困带来的压力有一种生理作用，可以持续一生。因为一直生活在不确定性的环境之中，没有长远规划的意识，过度重视短期问题。2013 年，阿南迪·玛尼、赛德希尔·穆莱纳森、埃尔德·莎菲尔和赵佳颖等心理学家组成的研究小组，在美国《科学》杂志上发表的一篇论文中提出：认知资源的缺乏有助于解释穷人做出的糟糕决定。比如，研究表明，社会经济地位较低的人，比较容易出现不坚持服药、约会不守时或直接失约、工作时注意力不集中、不会理财等情况。贫困是一种耗时耗力的状态。长期考虑紧张的预算让人们没有多少注意力去关注更长远的事情。如果一个人，小的时候因为贫困而持续处于高压状态，他的

---

① 白黎.促进教育公平阻止贫困代际传递［EB/OL］.求是网，http://www.qstheory.cn/wp/2015 - 12/09/c_ 1117394731.htm，2015 - 12 - 09.

基因表达会受到影响。那么成年以后，哪怕经济状况发生了很大改观，他还是会继续感到压力太大。就是说他的身体已经得了"贫困病"，而这个病是一个生理问题。

对致贫风险的分析显示，地理位置、健康疾病方面的相对弱势都有可能造成贫困。比如，教育的不平等被传递，导致下代人之间的不平等。尤其是近年来随着工作对智力水平的要求不断提高，鸿沟开始形成，接受更高层次教育的孩子跟接受较低层次教育的孩子开始在完全不同的情景下成长。高水平的技能和稳定的家庭环境能够引导他们获得物质上的成功，而物质上的成果意味着更容易获得稳定的家庭生活、高水平的技能和更多财富。接受较低层次教育的孩子生活在恶性反馈的回路之中。低水平的技能和破裂的家庭会给他们带来经济上的压力，而经济上的压力意味着更容易出现家庭破裂的情况，更难以获取技能，更难以获得财富。目前有实证研究结果支持上述论断。切迪发现，儿童在向上流动性最强的社区中每生活一年，他们成年后的收入水平将因此较全国平均值高出 0.8%。而在向上流动性最差的社区中每生活一年，将导致儿童成年后的收入降低 0.7%。

综上所述，贫困代际传递问题的产生，是诸多复杂因素共同作用的结果，"防止贫困代际传递"应成为反贫困战略调整中的新动向。切断"贫困的代际传递"是牧区扶贫工作中的重要议题。

第三节　内蒙古牧区社会保障发展现状

社会保障是反贫困的重要手段，是民众的"减震器"和社会的"安全网"，这张网的疏密程度、坚固程度关乎广大牧民的切身福祉。

一、内蒙古牧区社会保障发展现状分析

2003 年以前，内蒙古自治区牧区社会保障项目仅有五保供养、自然灾害生

活救助、优抚对象抚恤补助和低水平的合作医疗，以及部分地区开展的"老农保"等内容。2003年以来，农牧区社会保障项目纷纷建立起来，农牧区社会保障发展迎来了蓬勃发展时期。在2010年统计的城乡社会保障政策61个项目中，专门针对农村牧区或涉及农村牧区的社会保障项目有38个，占62%。

（一）新型农村牧区合作医疗

内蒙古自治区新农合制度经历了四个发展阶段：第一阶段是试点阶段，2003~2006年试点旗（县）由7个扩大到39个，"以大病统筹为主的新型农村牧区合作医疗制度"如何建立和完善是该阶段的工作重点；2007年开始全面推行新型合作医疗制度，新农合发展进入第二阶段，该阶段新农合的运行机制基本形成；2008~2009年是第三阶段，也是巩固完善阶段。该阶段主要围绕提高参合率，提高群众受益水平和规范基金管理等方面展开。截至2010年2月，新农合参保人数达到1200万人，共涉及101旗（县）中的95个旗（县），参合率达到96.4%[①]。第四阶段是推进全覆盖阶段。2012年，对新农合补助水平从每人每年200元提高到240元。自治区政府将保障和改善民生、提高人民福祉作为重要工作内容，原则上农牧民个人筹资增长到60元。补偿政策要求，政策范围内住院费用报销比例达到75%。

内蒙古新型农村牧区合作医疗保险制度2013年参合率达到97%。党的十九大报告提出"全面实施全民参保计划"，内蒙古农村牧区合作医疗制度建设离人人都能享受基本医疗保障还有"最后一公里"。

（二）社会养老制度

为了应对老年化带来的经济问题，人们已经采取了大量私人性和公共性措施，社会养老保险制度是政府通过立法强制实施，运用保险方式处置劳动者面临的风险，并在其失去劳动收入（退休）时提供基本收入保障的法定保险制度。

---

① 内蒙古新型农村牧区合作医疗参合人数达1200万人［EB/OL］. 网易新闻，http：//news. 163. com/10/0205/11/5UOOIA2P000120GU. html，2010－02－05.

长久以来，家庭保障是我国农村牧区养老的最主要方式，政府举办的社保是对家庭保障的补充。党的十七届三中全会提出了让养老保险从城镇向农村牧区延伸，从市民向农民覆盖，表达了通过政府的力量加大财政反哺力度的决心。

自 2009 年开始探索建立三方负担原则（即个人缴费、集体补助、政府补贴）下的新农保制度。2009 年试点覆盖面为全国 10% 的县（市、区、旗），以后逐步扩大试点，覆盖全国农牧区。内蒙古自治区政府下发了《新型农村牧区社会养老保险试点办法》，启动实施了自治区级统筹工作①。

内蒙古自 2011 年开始城乡居民养老保险试点，范围扩大到了 61 个旗县（市、区），基金主要由个人缴费和政府补贴构成，其中个人年缴费标准分为 100 ~ 1000 元十个档次；政府对参保人实行缴费补贴。2012 年自治区政府专门出台政策，保障特殊群体的利益，规定已自愿参加城乡居民养老保险并符合领取待遇条件的低保、五保、优抚对象，可按月领取养老金，其享受的低保、五保、优抚待遇不变②。

截至 2013 年底，全区城乡居民参保人数达 780 万人，参保率达到 95.6%，待遇领取人数达到 189.6 万人③，月人均养老金为 153 元。对于低收入高龄老人来说，除了社会养老保险金，还增加了高龄津贴④。进入 2014 年以来，自治区政府实施的"十个全覆盖"民生工程涵盖了农村牧区常住人口养老医疗低保等社保项目，农牧民"老无所依、老无所养"风险将进一步缓解。

总之，城乡居民养老保险制度，增强了农牧区居民的社会安全感，对解决城乡二元结构、拉动消费都具有重要意义。

（三）最低生活保障制度

内蒙古于 2004 年 9 月提出了在 2005 年底前全面建立农村牧区最低生活保障

---

① 哈斯其其格. 构建内蒙古农村牧区社会保障创新体系的几点思考 [J]. 内蒙古财经学院学报，2011（1）.

② 高佳. 内蒙古建立城镇和农村牧区居民社会养老保险制度 [EB/OL]. 中国劳动保障新闻网，http://www.clssn.com/html1/report/4/8183 - 1. htm，2011 - 11 - 30.

③④ 内蒙古要用 3 年实现农村牧区常住人口社会保障全覆盖 [EB/OL]. 内蒙古经济信息网，http://www.nmg.cei.gov.cn/jj/zykf/201403/t20140305_ 54875. html，2014 - 03 - 05.

制度。2006 年，内蒙古农村牧区最低生活保障制度全面建立，惠及了自治区 40 多万名特困农牧民，使贫困农牧民的生活有了兜底保障①。

2008 年底以来，以新标准衡量，我国贫困人口大幅度减少，贫困地区农牧民生活质量明显提高。2011 年，中国扶贫开发工作有了新的变化——即进入了从解决温饱问题转入巩固温饱成果，改善生态环境，提高发展能力，加快脱贫致富步伐，缩小发展差距的新阶段②。

在这一阶段，社会保障制度作为反贫困的重要手段，其功能作用将更加突出。在该阶段内蒙古基本形成了以城乡低保、农村牧区五保为基础，专项救助为支撑，临时救助为辅助，覆盖城乡、项目多样、功能整合的社会救助体系框架。2013 年，全区农村牧区低保保障标准和补助水平分别达到年人均 2962 元和月人均 181 元。2013 年，内蒙古自治区月均保障农村牧区低保 125.18 万人，占全区农牧业人口的 9.3%③，救助范围逐步扩大，资金投入逐年增多，有力促进了贫困农牧民的生活改善和社会和谐稳定。

2014 年，内蒙古加快构建综合社会救助体系，逐步将医疗、教育、住房等专项救助政策延伸到因家庭成员重病、重度残疾、子女就学等原因造成的支出型贫困家庭，努力消除政策空白点，实现社会救助全覆盖。此举要让广大农牧民老有所养、病有所医、生活有保障，让广大农牧民共享改革发展成果。同时还要加大对城乡困难群众中的老年人、未成年人等特殊群体的救助力度，努力提高其生活水平，适当扩大低保范围，力争到 2017 年实现农村牧区按户施保和应保尽保。

二、内蒙古牧区社会保障制度存在的问题

新时代中国特色社会主义思想突出强调坚持以人民为中心，坚持把人民对美

---

① 哈斯其其格. 构建内蒙古农村牧区社会保障创新体系的几点思考［J］. 内蒙古财经学院学报，2011（1）.

② 范小建. 消除贫困、实现共同富裕的领路人［EB/OL］. 求是理论网，http：//www.qstheory.cn/zxdk/2011/201114/201107/t20110714_93081.htm，2011 - 07 - 16.

③ 内蒙古要用 3 年实现农村牧区常住人口社会保障全覆盖［EB/OL］. 内蒙古经济信息网，http：//www.nmg.cei.gov.cn/jj/zykf/201403/t20140305_54875.html，2014 - 03 - 05.

好生活的向往作为奋斗目标。通过梳理当前牧区逐步实行的一系列社会保障措施会发现，当前的牧区社会保障制度还处于发展的初级阶段，与牧区人民对美好生活的向往还相去甚远。

（一）当前城乡社会保障制度仍存在不公平

国家通过立法对社会成员给予物质帮助而采取的既相互独立又相互联系的各项制度措施构成了社会保障整体。社会保障制度的目标是保障社会成员的基本生活需要，实现社会公平。由于社会领域中普遍存在老年化、疾病、残疾、工伤、死亡等风险，因此，社会保障相应设立了养老退休、医疗健康、残疾补贴、工伤补贴、失业保障、遗属抚恤等子项目，这些基本项目是每一个社会保障体系中必不可少的，其中最主要的是社会保险、社会救助、社会福利。但是，现阶段我国城乡社会保障制度存在不公平，这种不公平在构成社会保障体系的三个子项目上均有所体现。以城镇居民普遍享有的"五险一金"为例，农村牧区居民目前只有新农保和新农合，并没有享受生育、失业和工伤等社保项目和住房公积金待遇；在社会救助方面，城镇居民享有项目更加全面的救助，且各种设施更加齐全。

（二）社会保障支出水平方面存在城乡差异

社会保障支出水平是指一定时期内一国（或地区）社会成员享受社会保障待遇的高低程度，通常用社会保障支出总额占国内生产总值的比重来衡量[①]。社会保障水平是相对于国民经济发展程度而言的，因此它属于一个相对性范畴。在相同条件下，社会保障水平越高，人民生活的保障程度也就越高。内蒙古财经大学鲍震宇博士测算了 2006～2010 年内蒙古农村牧区社会保障适度水平后得出结论，认为农村牧区现行社会保障水平远低于适度水平下限值，以绝对数计算，缺口达 561 亿元，说明现有的社会保障能力还不足以实现农村居民的基本生活保障；尤其是养老保险的保障水平十分有限，这也与当前农村牧区养老保障主要依

---

① 姜欣．我国最优的社会保障支出水平研究［J］．软科学，2012（5）．

靠家庭保障的现实相符①。

政府对社会保障资金投入的力度不同，即社会保障支出占 GDP 的比例不同，民众获得保障的程度就有所差异。随着农村牧区社会保障制度的逐步建立和完善，需要中央和地方财政投入的金额将不断增加。而农村牧区社会保障水平一直低于适度水平，说明在经济高速发展过程中，政府对农村牧区的资金投入不足，社会保障水平并没有以同样的速度提高。比较内蒙古自治区 2013 年城乡社会保障支出水平，发展内蒙古城镇社会保障支出水平为 10.46%，城镇人均社会保障支出 0.71 万元/人；农村牧区社会保障支出水平为 0.39%，农村人均社会保障支出 0.03 万元/人。农村社会保障支出远低于城镇。因此，内蒙古应大力推进农村牧区社会保障制度建设，不断扩大制度的覆盖范围，确立广覆盖、保基本、可持续原则，继续健全和规范各项社会保障制度。

（三）牧区社会保障体系仍缺乏"多层次"的构造②

面对风险的加速社会化，单一主体往往难以独立承担巨大损失和重建工作。党的十九大报告明确提出，"按照兜底线、织密网、建机制的要求，全面建成覆盖全民、城乡统筹、权责清晰、可持续的多层次社会保障体系"。因此，在牧区社会保障体系构建过程中应充分考虑家庭保障、社区及民间组织在处置社会风险与扶贫方面的重要作用，通过牧区社会风险管理策略框架的构建，将这些传统方式与制度化扶贫有机结合，努力弥补现有保障的不足，从而全面满足牧区群众对美好生活的期望并提升其自我发展能力，是牧区扶贫政策的创新之路，也是必由之路。

众所周知，传统的社会保障制度往往聚焦于收入因素上，政策工具主要是通过收入再分配；而社会风险管理策略框架则是将关注点转移到了产生收入差距的核心根源——脆弱性方面，不再拘泥于收入再分配；其强调综合运用风险分析技术和方法，充分发挥风险控制、补偿工具的重要作用，并致力于培养人们的能

① 鲍震宇．内蒙古社会保障水平适度性研究 [J]．中国管理信息化，2013（4）．
② 哈斯其其格．中国转型期农村社会风险管理机制研究 [D]．西南财经大学博士学位论文，2009.

力。可见，社会保障主要以事后收入补偿为主，而社会风险管理则强调"防重于治"，旨在提高人们的整体抗风险能力①。

当前牧区扶贫已经进入了攻坚阶段。在中国政府主导的自上而下扶贫体系中引入更多自下而上的多元化主体，形成合力；通过运用更加多元化的扶贫手段，充分调动社会力量参与到牧区扶贫开发伟大事业中；同时，采取多种政策措施提高牧民自我发展能力，进一步促进牧区脱贫致富，让牧民以实实在在的步伐走向共同富裕。

第四节　内蒙古牧区扶贫开发工作历程及成效

一、内蒙古扶贫工作三个阶段

改革开放前，牧区扶贫以救助式扶贫为主，因此扶贫工作取得显著成效是在改革开放以后，特别是实施"八七"扶贫攻坚计划以来，扶贫开发工作取得了巨大成就。这些年来内蒙古的扶贫工作主要经历了三个历史阶段②。

（一）"输血式"扶贫阶段（1986~1993年）

20世纪80年代初，内蒙古农牧区贫困发生率为67%，未解决温饱的贫困人口有600万人。国务院根据牧区实际情况制定了专门针对贫困牧区、半牧区旗（县）扶持标准，即在国定特困县1985年人均纯收入低于150元基本标准的基础上，将牧区贫困旗（县）的标准放宽为1984~1986年3年平均人均纯收入低于

---

① 哈斯其其格. 完善我国社会保障体系与强化社会风险管理策略探讨 ［J］. 兰州商学院学报, 2010（1）.

② 内蒙古扶贫工作成绩斐然 ［EB/OL］. 内蒙古统计局, http：//www. nmgtj. gov. cn/nmgttj/tjbg/zzq/webinfo/2017/01/1484209357554976. htm, 2017 - 01 - 19.

300 元，半牧区贫困旗（县）的标准放宽为低于 200 元①。面临着沉重的贫困人口压力，内蒙古党委、政府实施大规模扶贫计划，即"输血式"扶贫。该计划也称救济式扶贫，即各级政府直接把粮食、衣物或现金等无偿分配给贫困农户。该方式主要用于生活救济和财政补贴②。1989 年国务院设立了"少数民族贫困地区温饱基金"，旨在解决少数民族群众的温饱问题。到 1993 年底，内蒙古农牧区贫困发生率下降至 30%，贫困人口数量减少到 357 万人，全区的扶贫工作初见成效。

（二）"三七"扶贫攻坚阶段（1994～2000 年）

1994 年 3 月《国家八七扶贫攻坚计划》的公布实施，标志着新的扶贫阶段开始。计划力争用 7 年时间基本解决全国农村 8000 万贫困人口的温饱问题。该阶段政府加大了以工代赈、扶贫贴息贷款和发展资金的投放力度，三大扶贫项目投放的扶贫资金从 1995 年到 1999 年增加了 1.63 倍。

在这一纲领性文件指导下，内蒙古政府制定并实施了"三七"扶贫攻坚计划，即 1994～2000 年的七年内，基本解决全区 300 多万贫困人口的脱贫问题。内蒙古当时国家级贫困旗县 31 个，占全国 592 个贫困县的 5.24%，贫困人口有 206.1 万人；此外，还有自治区级贫困旗县 19 个，贫困人口 117.8 万人，两项合计共有贫困人口 323.9 万人，占农村牧区人口的 23.1%。

在该阶段，19 个自治区级贫困旗县主要由自治区级财政负责，全区扶贫资金总量达到 6 亿元之多。中央财政对 31 个国家级贫困旗县每年投入无偿财政扶贫资金、以工代赈扶贫资金、贴息扶贫贷款 5 亿元左右。

在经过了前两个扶贫阶段后，内蒙古农牧区的基础设施有了一定程度的改善，贫困状况明显缓解，农村牧区贫困发生率由 30% 左右下降到 10% 左右；贫困人口减少到 2000 年的 195 万人。

（三）"大规模开发式"扶贫阶段（2001 年至今）

2001 年颁布实施《中国农村扶贫开发纲要（2001～2010 年）》（以下简称

---

①　王艳.中国牧区扶贫开发问题研究［D］.吉林大学博士学位论文，2014：46.
②　王曙光.告别贫困——中国农村金融创新与反贫困［M］.北京：中国发展出版社，2012.

《纲要》），大规模调整扶贫重点，将贫困线从 2000 年的 865 元/年，逐步提高到 2010 年的 1274 元。《纲要》强调要坚持开发式扶贫方针，并进行了瞄准对象的重大调整，贫困村成为新的瞄准对象，整个西部地区成为扶贫攻坚的前线，该阶段扶贫工作成为了具有整体性、战略性的长远工程。

从 2002 年开始，内蒙古组织开展了"千村扶贫开发工程"及农牧业产业化扶贫战略，这两种扶贫方式到 2004 年 10 月，按照国务院扶贫办的统一口径，改称为"一体两翼"工程。《纲要》实施 10 年间，中央和内蒙古自治区投入 123 亿元用于扶贫开发，解决了 115 万贫困人口的生存和温饱问题，扶贫工作重点县农牧民人均纯收入从 1543 元/年提高到 4142 元/年，解决了 450 万人的饮水困难和饮水安全问题①，医疗卫生和义务教育办学条件明显改善，基本公共服务能力明显提高。

内蒙古在"十一五"期间，认真落实国家支持少数民族地区发展的各项政策，特别是积极贯彻实施了《中国农村扶贫开发纲要（2011—2020 年）》和《关于创新机制扎实推进农村扶贫开发工作的意见》，推进"兴边富民"行动，实施扶贫移民和生态移民工程，扶持边境地区、少数民族聚居区、"三少"民族地区和革命老区改善生态和基础设施条件、培育地区特色产业以及增强自我发展的能力，使边、老和贫困地区群众的生产生活条件得到进一步改善。

二、扶贫工作成效

（一）贫困人口逐年下降，生活水平明显改善

内蒙古扶贫开发工作，将"一体两翼"战略整合融入"三大工程""五项措施"，走出了一条适合内蒙古贫困状况的新路子。"十一五"期间，全区贫困人口减少了 75 万人，减少到 2009 年的 55 万人。2009 年，内蒙古自主划定的贫困人口标准为农区人均年收入低于 1560 元、牧区低于 1800 元，比国家标准分别高

---

① 内蒙古扶贫工作成绩斐然［EB/OL］. 内蒙古统计局，http：//www. nmgtj. gov. cn/nmgttj/tjbg/zzq/webinfo/2017/01/1484209357554976. htm，2017－01－19.

出 360 元和 604 元。根据经济社会发展情况，及时调整了扶贫标准，不断改善贫困农牧民生活水准。完成了 5000 个重点贫困嘎查整村扶贫推进任务，实施了六期移民扶贫项目，搬迁贫困农牧民 13550 户、5.42 万人，基本实现了搬得出、稳得住、逐步能致富，贫困地区发展差距明显缩小，贫困人口生活质量明显提高①。

回顾 30 年的扶贫开发工作，内蒙古取得了显著成效，贫困发生率不断下降，农牧区贫困人口大幅度减少。截至 2015 年底，内蒙古贫困发生率由 67% 降低到 3.2%，降低了 63.8 个百分点。农村牧区贫困人口也由 1986 年的 600 万人减少到 2015 年的 80.2 万人，减少了 519.8 万人，每年净减少 17.9 万人；贫困人口人均可支配收入由 2010 年末的 1437 元增加到 3100 元，年均增幅高于全区农牧民人均纯收入增长平均水平。对于贫困人口，通过易地扶贫搬迁解决 19.3 万人，通过发展生产和转移就业解决 34.2 万人，通过发展教育和资助政策解决 5.3 万人，通过生态补偿解决 1.8 万人，通过政策保障兜底解决 19.6 万人；全区 57 个贫困旗县农牧民人均可支配收入为 9600 元/年，其中 31 个国贫旗县农牧民人均可支配收入为 8201 元/年②，随着收入的增加，农牧民衣食住行都有了明显的变化。

（二）农牧区基础设施建设逐步完善

在牧区，牧民主要生计手段是经营畜牧业。由于近年草原"三化"现象严重，冬春季牧草短缺问题经常发生。政府针对上述问题，重点建设灌溉饲草料基地以及越冬暖棚、青贮窖，增加了抗御黑白灾等自然灾害的能力，从而全面改善了这些地区的生产生活条件。从 2014 年起，内蒙古在农村牧区启动实施了"十个全覆盖"工程，旨在拉动农牧区经济增长，改变农村牧区落后面貌，促进农牧民增收。截至 2015 年底，"十个全覆盖"工程累计完成 51.32 万户农牧民的危房改造工程；解决了 281.76 万人饮水安全问题；累计完成嘎查街巷道路硬化里程 3.78 万千米，街巷道路硬化完成的嘎查 10202 个；累计完成投资 681.56 亿元

---

①② 内蒙古扶贫工作成绩斐然［EB/OL］. 内蒙古统计局，http：//www.nmgtj.gov.cn/nmgttj/tjbg/zzq/webinfo/2017/01/1484209357554976.htm，2017 – 01 – 19.

（"十个全覆盖"工程投资 418.56 亿元，扩面工程投资 263 亿元），使 1000 多万农牧民受益。

（三）专项扶贫工作稳步推进

（1）教育扶贫。2016 年，内蒙古对不在低保范围的、就读中高等职业院校的建档立卡贫困户家庭子女实施"雨露计划"，完成扶贫创业致富带头人培训等 14 期 786 人，提高就业创业能力。举办精准扶贫、驻村第一书记、电商扶贫等各类扶贫干部培训班 7 期，培训 688 人次。

（2）光伏扶贫。全区计划建设总规模 140 万千瓦，投资 105 亿元，持续 20 年。2016 年上半年重点对扶持对象进行识别，目前在建档立卡系统中识别出"十三五"光伏扶贫扶持对象 5.6 万户，其中国贫县 4.5 万户，区贫县 1.1 万户。每户将对应建设集中式电站规模 25 千瓦，每年每户增收 3000 元。

（3）电商扶贫。按照财政部、商务部、国务院扶贫办《关于组织申报 2016 年电子商务进农村综合示范县的通知》要求，评选出 2016 年 20 个电商进农村综合示范旗县（其中国贫县 10 个），积极开展示范县建设工作。

（4）旅游扶贫。2016 年，对 2834 个重点贫困嘎查的旅游资源进行摸底调查，确定 576 个有旅游资源的重点嘎查开展旅游精准扶贫工作。

（5）金融扶贫。商业银行给老百姓的印象是嫌贫爱富。贫困农牧民总觉得金融是高不可攀的。进入 21 世纪之后，金融有了一些新的变化，支付宝、微信等新的支付方式出现，金融将融于社会的生活之中。金融的最高境界是普惠金融，就是包括贫困牧民在内的全体民众，都被"卷入"大金融体系，都可以得到其相应的金融服务。在精准扶贫伟大工程的带动下，内蒙古自治区党委、政府会同扶贫办，破除诸多体制机制障碍，在金融领域不断探索扶贫方略，积极创新金融扶贫的形式和手段。

内蒙古自治区党委、政府提出了在 57 个贫困旗县开展"金融扶贫富民工程"。这是自治区落实党的十八届三中全会精神和"8337"发展思路的一项重要举措，是惠及自治区千万百姓的重大民生工程，"金融要融于普通百姓生活中"这一思路与中国农业总行"实现强农、惠农、富农服务新突破"的要求高度契合。2016 年上半年新增贷款 55.8 亿元，11.9 万户贫困农牧民得到贷款扶持。金融扶贫富民工程实施以来，累计发放专项贷款 210 多亿元，41 万户 100 多万农牧民获得扶贫贷款支持，贷款使用一年以上的贫困户人均增收 1500 元以上。参与扶贫的金融机构由 1 家扩大到了 9 家，实施项目的旗县由 57 个贫困旗县扩大到了 81 个农牧业旗县①。金融扶贫成为增加扶贫投入的主要举措。

（四）"精准扶贫"力度逐年加大

内蒙古扶贫办与农业银行内蒙古分行合作开展内蒙古金融扶贫富民工程，截至 2015 年底，在 57 个贫困旗县投放贷款 154.56 亿元。在内蒙古金融扶贫富民工程实施中，已投放的"金穗富农贷"中有 18 亿元用于支持了危房改造、广播电视村村通建设等；以"美丽乡村产业基金"模式向包头、赤峰、呼伦贝尔投入 60 亿元支持了"十个全覆盖"工程建设。同时，加大"精准扶贫"力度，已投放的 134.3 亿元"金穗富农贷"中有 53.1 亿元直接支持了建档立卡贫困户 11 万户。

三、内蒙古牧区扶贫开发特点

从 1986 年起，内蒙古农村牧区扶贫开发工作大体经历了三个阶段，并且在每一个阶段上都取得了显著成效。

（一）贫困治理始终是国家治理的重要组成部分，并建立了政府主导型的反贫困体制机制

人类历史上任何消除贫困的战役，不能没有坚强领导。中国共产党，作为全心全意为人民服务的政党，早在建党之初就把共同富裕的理想镌刻在党旗上。1986 年，国务院贫困地区经济开发领导小组成立，现用名为"国务院扶贫开发

---

① 内蒙古扶贫工作成绩斐然［EB/OL］．内蒙古统计局，http：//www.nmgtj.gov.cn/nmgttj/tjbg/zzq/webinfo/2017/01/1484209357554976.htm，2017 - 01 - 19.

领导小组办公室"，机构一直延伸到县。政府身体力行制定扶贫计划和政策，组成庞大管理体系，始终把反贫困作为重要职责，动员各层次行政力量，并规划扶贫资金规模、流向，这些充分显示出中国政府起主导作用的反贫困体制、机制已建立起来，并在充分发挥其应有的作用。

（二）提供大力度的反贫困资金投入

改革开放以来，中国经济快速腾飞，政府扶贫资金投入持续不断地加大：中央政府 20 世纪 80 年代大规模反贫困伊始时每年投入 40 多亿元，每个贫困人口平均不到 50 元。而现阶段，国力增强，扶贫力度加大，如《中国农村扶贫开发纲要实施（2001—2010 年）》阶段，中央财政累计安排财政专项扶贫资金约 1440.34 亿元，年均增长 9.3%①。"十二五"期间，中央财政累计安排财政专项扶贫资金约 1898.22 亿元，年均增长 14.5%。仅用了 5 年时间，财政专项扶贫资金投入就超过了《中国农村扶贫开发纲要（2001—2010 年）》实施期间 10 年的投入规模，资金年均增幅重回两位数②。2015 年中央财政专项扶贫资金规模已达到 467.45 亿元。目前，中央财政专项扶贫资金主要分为发展资金、少数民族发展资金、"三西"资金等六个使用方向。内蒙古从 2014 年起启动实施了"十个全覆盖"工程，投资 418.56 亿元，扩面工程投资 263 亿元，使 1000 多万农牧民受益。

（三）发挥体制机制优势，探索多种扶贫开发模式

从 2001 年开始，内蒙古扶贫开发进入了新阶段，根据国家制定的《中国农村扶贫开发纲要（2001—2010 年）》文件，内蒙古开始实施了整村推进、产业化扶贫和移民扩镇等创新性扶贫新措施，取得了不错的成绩。近年来通过政策倾斜、机制创新，开始探索的教育扶贫、光伏扶贫、电商扶贫和金融扶贫等专项扶贫措施，有力地推动了贫困地区经济社会的全面发展。20 多年来，内

---

①② 加大财政扶贫投入力度支持打赢脱贫攻坚战 ［EB/OL］. 人民网—理论频道，http：//theory. gmw. cn/2016 – 09/15/content_ 21990033_ 2. htm，2016 – 09 – 15.

蒙古贫困地区基础设施得到加强，贫困农牧民人均纯收入较大幅度提高，农牧区贫困人口从 1986 年的 600 万降到目前的 80.2 万人，贫困发生率从 67% 下降到目前的 3.2% 。

回顾这些年来内蒙古的农牧区扶贫工作，在国家及自治区扶贫政策的支撑下成绩斐然。走进新时代，扶贫开发工作还存在不足，在接下来的第三章 "减贫政策与贫困脆弱性" 部分加以分析。

第三章　内蒙古牧区贫困风险的衡量

本章设计适用于我国牧户脆弱性的测量指标，从五种生计资本角度衡量牧户的脆弱性；在"以人为本"的科学发展观指导下，深入研究牧区扶贫及能力建设政策体系的设计思想，包括目标、基本理念、基本准则和改革策略等。

第一节　牧区贫困的度量

影响贫困的因素众多，经济、社会、政治、文化等力量均影响一国或地区的贫困状况。贫困的概念、定义和度量问题一直是社会科学领域重要的议题。同时，关于贫困内涵的界定长久以来存在争论，而且会随着时间的推移以及人们认知的变化而变化。

一、贫困的内涵与外延

贫困可以有绝对衡量标准。统计局根据一些条件规定了不同的绝对贫困界限，这些界限会根据客观条件和年度物价的变化而调整。从全球角度看，由于社会的进步，绝对贫困正在急剧减少，那些每天消费不足 1 美元的赤贫人口，在1970 年的时候占全球人口的 1/4，而今天下降到了不到 5%。而同时每个家庭消费的结构也发生了变化，因此也出现了"最富裕的穷人在今天"这样的说法。引用 1998 年美国《华尔街日报》上的一篇报道说明，报道的题目叫作《最富裕的穷人在美国》。那篇报道说 70% 的贫困家庭有汽车，其中 27% 以上的家庭有两辆以上的汽车。绝大部分的家庭都有彩电，有一半的贫困家庭有两台及以上的彩电，当然他们也有微波炉、空调、自动洗碗机等。大多数美国穷人的孩子确实营养过剩，他们长大以后比 1944 年登陆诺曼底的美军平均高 1 英寸、重 10 磅。这些数字说明，哪怕是穷人，只要社会在进步，只要整个社会的"饼"在做大，他们所得到的物质享受都比过去一个中等收入家庭的人所获得的要更多。所以，绝对贫困的概念在今天不那么重要了。

贫困也可以用相对标准来衡量，也就是考虑将低收入者的收入水平和其他人群的收入水平进行比较。尽管一些人的收入提高了，但如果他们能购买的商品和服务比那些富裕阶层的人少的话，这些人仍然会感到贫困。马克思曾有过关于贫困的论断"一个住小草房的人在他的邻居搬来并建了一座宫殿之前，他一直是很快乐的，后来，那个住小草房的人开始感觉到了贫困"。

诺贝尔经济学奖得主阿马蒂亚·森认为自由的缺乏与经济上的贫困直接相关[1]，因为贫困剥夺人们满足最基本需要的自由。他指出，不能把贫困仅仅看成是收入缺乏或消费水平低下，贫困的实质是人们缺乏改变其生存状况、抵御各种生产或生活风险、抓住经济机会和获取经济收益的"能力"（Sen，2001）。亚洲开发银行主张的观点是："每个人都享有基础教育、基本健康服务以及通过劳动报酬供养自己的权利，同时也应该享有社会保护抵御风险的冲击。如果在直接影响自己生活的决策中被排除在外，这样的个人和社会就处于贫困状态。所以贫困是对财产和权利机会的剥夺。"世界银行对贫困的定义："贫困就是这样一种人们想逃避的生存状态，贫困就意味着饥饿，意味着没有栖身之地；贫困就是缺衣少药，没有机会上学也不知道怎样获得知识；贫困就是失业，害怕面对未来，生命时刻受到威胁；贫困就是因为缺少清洁的饮用水而导致儿童生病甚至死亡；贫困就是权利和自由的丧失。"

综上所述，贫是缺钱。贫困，不仅是收入低下，其他因素的匮乏，比如受教育机会和健康等的匮乏也是贫困。贫穷的穷在中文里面就是"尽"的意思，就

---

① 　哈斯其其格. 中国转型期农村社会风险管理机制研究［D］. 西南财经大学博士学位论文，2009.

是没有前途的意思，只有没前途的人才是真正的穷人。

二、贫困的度量

从上一节的分析看，贫困是一个十分复杂的概念，各个学科之间并没有形成统一共识。但无论如何，人们研究贫困首先是从经济指标——收入开始，因为贫困往往表现为贫困者基本物品和服务方面的短缺。由此，对贫困的衡量需要一个基准线。而目前这个基准线就是贫困线。贫困的测量和政策干预可以追溯到 20 世纪 50 年代，世界各国普遍制定贫困标准，如表 3-1 所示。表 3-2 是中国历年贫困线标准。

表 3-1　各国家、地区贫困标准

国家/地区	贫困标准
中国	2011 年贫困线标准：农民人均纯收入 2300 元
美国	贫困门槛是购买某些基本粮食的开支乘以 3 倍，以及每年由美国卫生与公众福利部发布的标准指引，2011 年 4 人家庭贫困线标准为 22380 美元
英国	贫困线标准是家庭可支配所得中位数的 60%，但同时监察中位数的 50% 及 70%
欧盟成员国	贫困线为收入中位数的 50% 或 60%
爱尔兰	官方认可的标准为"一贯贫穷"，收入低于收入中位数的 60%，以及在总数 11 个项目中，缺乏 2 项或以上被视为基本生活水平必需物品或服务的人
中国台湾	贫困线标准为收入中位数的 50% 或 60%
新加坡	没有官方贫困线，最常用的标准是收入最低的 20% 住户
日本	日本厚生劳动省根据国际公认的标准设定了最低贫困线，一个 4 口之家年收入为 2.2 万美元，这相当于日本中等收入家庭收入的一半

资料来源：2015 年中国贫困线标准：农民年人均纯收入 2800 元［EB/OL］. 搜狐资讯，http://roll. sohu. com/20151216/n431482978. shtml.

表 3-2　1980～2011 年中国贫困线标准

年份	绝对贫困线	涨幅（%）	年份	绝对贫困线	涨幅（%）	相对贫困线	涨幅（%）
1980	130	—	1996				
1981	142	9. 23	1997	640	—	—	—

续表

年份	绝对贫困线	涨幅（%）	年份	绝对贫困线	涨幅（%）	相对贫困线	涨幅（%）
1982	164	15.49	1998	635	-0.78	—	—
1983	179	9.09	1999	625	-1.57	—	—
1984	200	11.73	2000	625	0	865	—
1985	206	3	2001	630	0.8	872	0.81
1986	213	3.40	2002	627	-0.48	869	-0.34
1987	227	6.57	2003	637	1.59	882	1.50
1988	236	3.96	2004	668	4.87	924	4.76
1989	259	9.75	2005	683	2.54	944	2.16
1990	300	15.83	2006	693	1.46	958	1.48
1991	304	1.33	2007	785	13.28	1067	11.38
1992	317	4.28	2008	—	—	1196	12.09
1993	未公布	—	2009	—	—	1196	0
1994	440	—	2010	—	—	1274	6.52
1995	530	20.45	2011	—	—	2300	80.53

资料来源：李瑞华. 内蒙古贫困与反贫困的经济学研究［D］. 武汉理工大学博士学位论文，2013.

　　官方贫困线通常是基于满足一定热量需要的食品贫困线和非食品贫困线之和。从表3-1来看，尽管各国/地区对于贫困的标准和测量方法各不相同，但根据家庭可以观察的消费支出或收入水平确定的贫困线都是对家庭事后福利状况的测量，并基于测量的结果进行减贫政策干预。2014年，根据物价指数、生活指数等动态调整，中国贫困线标准上调至2800元（按购买力平价计算，约相当于每天2.2美元，略高于世界银行1.9美元的贫困标准）①。

　　然而官方指定的贫困的收入标准忽视了一些动态变化。年收入3100元（每天约8.5元）的牧区贫困标准只能满足一个人的最基本需求，诸如改善健康状况或者疾病治疗等更为重要方面的花费都没有被包括在内。基于阿马蒂亚·森的理论，贫困剥夺了贫困者选择的自由。可见，逃离经济不自由，摆脱贫困，都需要

---

　　① 2015年中国贫困线标准：农民年人均纯收入2800元［EB/OL］. 搜狐资讯，http：// roll. sohu. com/20151216/n431482978. shtml，2015-12-16.

通过发展的过程来达到。

三、阿马蒂亚·森的能力中心观

从 20 世纪 70 年代开始，以阿马蒂亚·森的重要研究成果为标志，以自由为核心的发展观成为福利经济学研究的新议题，从而开创了福利经济学理论研究的宽阔领域①。

阿马蒂亚·森在他的理论研究中阐述了对经济发展和民众的福利起直接作用的五种基本自由②：

一是政治自由，包括公民权利。指人们有多大的机会和权利参与决定由谁来执政以及根据什么原则执政。同时，也包括人们有多大的可能去监督和批评政府当局、拥有政治表达、能够选择不同政党的自由等可能性。

二是经济条件。也就是指经济基础设施，指人们各自享有的基于消费、生产或交易目的而使用经济资源的机会与便利性。

三是社会机会。指社会所提供的教育、医疗保健及其他方面的安排，它们直接影响着个人有多大的自由度去选择更好的生活方式。

四是透明性保证。即社会透明度，是指人们在社会交往中需要的信用，也是人们所期望的公开性。

五是防护性保障。可以理解为安全保障，包括一些固定的制度安排，诸如失业救济金和给穷人的固定收入补助，以及临时性的应急安排等。

阿马蒂亚·森提出的能力中心观对于真正缓解或消除贫困，进而达到社会和谐发展具有重大的理论价值和现实意义。阿马蒂亚·森的发展观在国际上产生了重大反响，但在实际运用中不易量化计算。

阿马蒂亚·森提出"人的自由权利需要通过发展来实现"。因此，对贫困的测量也应着眼于人们在动态环境中各种"发展能力"的评估。当前越来越多的

---

① 哈斯其其格．中国转型期农村社会风险管理机制研究［D］．西南财经大学博士学位论文，2009.
② 阿马蒂亚·森．以自由看待发展［M］．北京：中国人民大学出版社，2002.

研究开始用"脆弱性"来评估人们陷入贫困的可能性，目前已有 Chaudhuri、Hoddinott、Ligon、李小云、万广华和李丽等多位研究者对农户的脆弱性进行了研究。

第二节 贫困脆弱性及其度量

贫困不仅仅在于一个人享受的物质水平低下，而更在于其生活的压力和不确定性。本书用脆弱性这个概念表述（缺乏）这种发展能力。美国风险管理理论学者纳西姆·尼古拉斯·塔勒布认为弄清楚什么是脆弱的，比预测对其（如牧民）造成伤害的某个事件是否会发生要容易得多，脆弱性是可以衡量的，但风险却是无法衡量的。因为人们原本就不可能计算出重要的罕见事件的风险，也无法预测其何时会发生。但事物对波动性所致危害的敏感性是可观察的，这比对造成危害的事件进行预测更容易。

本书将根据上述观点界定牧户贫困脆弱性，牧户在现有资产配置状态下承受自然灾害、意外事故等冲击的能力或者缓解（解除）生计风险的状况。

学者们出于不同的研究目的，对贫困脆弱性赋予了不同的内涵。下文中的牧户脆弱性将采用英国国际发展署（DFID）开发的可持续农户生计框架加以分析。该框架认为，在制度、政策以及自然等因素造成的风险性环境中，在资产、政策和制度的相互影响下，作为生计核心的资产的性质和状况，决定了农户采用生计策略的类型，从而导致某种生计结果，生计结果又反作用于资产，影响资产的性质和状况[①]。

该框架将农户的生计资产分为五大类：人力资本、自然资本、物质资本、金融资本、社会资本。这种划分为研究者提供了一种深入观察农牧户的新视角，目前在扶贫政策领域得到了广泛应用。下文在对牧户脆弱性定性分析的基础之上，

---

① 李小云等.农户脆弱性分析方法及其本土化应用［J］.中国农村经济，2007（4）.

将其生计资本指标化，测量出牧户各个生计资产的指标数值，刻画出牧户的生计资本水平。

一、贫困生计资本指标体系的构建

牧户是牧区社会中最小的生计单位。在转型期，牧民面临着诸如自然风险、健康风险等社会风险。同样，在牧区，家庭或个人应对（处置）风险的能力是不同的，依据等式"风险＝灾害×脆弱性"，贫困风险的程度依赖于人们的抗打击能力。当冲击相同时，人们抗击冲击和风险的能力也有所不同：有人能够从冲击中受益，有人受到伤害。家庭根据各自的情况采取不同行动来抵御风险，从而表现出不同的生计特征。根据李小云等设计的中国农户脆弱性测量指标，本书选定如下几种资本作为对牧户脆弱性进行测量的指标[①]：

（一）人力资本指标

人力资本（Human Capital）是指存在于人体之中的具有经济价值的知识、技能和体力（健康状况）等质量因素之和。即人力资本是体现在人身上的资本，是劳动者接受的教育、职业培训等"价值投资"的总体体现。

在牧民全部生计资本中，人力资本的重要性是毋庸置疑的。牧民家庭人力资本是其家庭成员劳动能力、健康状况、知识和技能的综合体现。在调研中发现，牧民家庭贫困的根源往往不是物质资本的短缺，而主要是人力资本投入不足所致。本书选定三个主要指标：第一个是家庭整体劳动能力，即处于不同年龄层级和身体状况的家庭成员所拥有的劳动力之和；第二个是家庭中男性成年劳动力的数量，因为畜牧业生产极其耗费体力，男性在体力上具有优势；第三个是家庭成年劳动力的受教育程度，因为人力资本投资有利于劳动者技能的提高。

---

① 丁文强. 我国北方草原区牧户脆弱性评价——以内蒙古荒漠草原区为例［D］. 兰州大学博士学位论文，2012.

（二）自然资本指标

自然资本是指土地等固有的自然环境的综合水平，也就是能从中导出有利于生计的资源流和服务的自然资源存量，例如土地和水资源、草原、森林等。

首先，历来农民是在同一片土地上耕种、收获；牧民历来逐水草而居，哪里水草丰美，就要往哪里迁徙。就是今天，草地资源对牧民的生产方式也是至关重要的。因此，牧民最重要的自然资本要数草地资源。

其次，内蒙古也有优质耕地，当前在内蒙古多数牧区牧民拥有耕地，不少牧民耕种粮食和牧草。

因此，本书选定了家庭拥有草场面积和家庭拥有耕地面积作为代表牧民家庭所拥有的自然资产。

（三）物质资本指标

物质资本是指安全住所、饮水、能源、交通通信等基础设施以及生产设备和机器等。对于内蒙古牧民来讲，物质资本是指其用于生产和生活的公共设施以及物质设备情况。改革开放以来实施的几轮扶贫开发战略取得了令世人瞩目的成就，其中包括贫困地区基础设施的不断改观，地区差异逐渐缩小，尤其是同一地区间的差异十分微小。基于上述判断，本书设定了四个指标：

第一个是牧民家庭住房面积；第二个是牧民家庭住房类型，这两个属于牧民生活类物质资本指标；第三个是家庭生产性固定资产；第四个是牧民家庭拥有家畜估值，这两个属于牧民生产类物质资本指标。

（四）金融资本指标

金融资本通常指像股票、债券等以资本资产的形式出现的可以在金融市场中交易的资本品。金融资本是现代经济社会发展的核心资本，无论是生产、再生产还是日常生活活动的顺利进行都离不开金融资本。牧民的金融资本项目种类相对少，主要包括可支配和可筹措的资金量，主要设定了三个指标：

第一个是牧民家庭现金收入，这是牧民依靠其自身能力或者固有资本取得的，是其金融资本的主要组成部分；第二个是家庭获得的信贷支持（正式金融支持）；第三个是家庭获得的无息贷款（民间借款等非正式金融支持）。

（五）社会资本指标

广义的社会资本是指为实现工具性或情感性的目的，通过社会网络来动员的资源或能力的总和。牧民社会资本是指牧民为了实施生计策略而加以利用的社会网络。在本书中，对社会资本的衡量主要选定三个指标：第一个是牧民参加社会经济合作组织情况；第二个是牧民参加社会保险与否；第三个是无偿援助。

综上所述，牧民脆弱性评价指标综合如表3－3所示。

表3－3　牧户脆弱性评价指标

一级指标	二级指标（单位）
人力资本	家庭整体劳动能力
	男性成年劳动力
	劳动力受教育程度
自然资本	家庭拥有草场面积
	家庭拥有耕地面积
物质资本	家庭住房面积
	家庭住房类型
	家庭生产性固定资产
	家畜估值
金融资本	家庭现金收入
	家庭获得信贷支持
	家庭获得无息贷款
社会资本	参加社会经济合作组织情况
	参加社会保险
	无偿援助

二、贫困脆弱性指数测算

牧户贫困脆弱性指数的测算，首先要考虑牧户的综合生计资本评价指数，牧户的生计资本综合评价包含许多指标，各个指标的数值单位不尽相同。在构建综合指数时，需要消除各个指标之间量纲与量纲单位的影响，因此要进行无量纲化处理。所谓的无量纲化处理，即根据需要通过数字变换消除原始指标量纲影响，对我们所选的评价指标数值进行标准化、正规化处理的一种方法。

用 t_{ij} 表示原始数据，其中角标 i 表示对应于第 i 个一级指标，角标 j 表示对应于一级指标内第 j 个二级指标，则 T_{ij} 可以表示任意一个二级指标无量纲化后标准化值，而 T_i 则可以表示任何一个一级指标的数值。把 t_{ij} 进行无量纲化，其公式为

$$T_{ij} = \frac{t_{ij} - \min t_j}{\max t_j - \min t_j}$$，式中，t_j 表示第 j 列所有原始数据。

（一）脆弱性综合评价模型

首先，我们需要计算牧户生计资本综合指数。我们以 α_i 表示第 i 个一级指标的二级指标组，则把各个二级指标组利用一维行向量的表示如下：

$$\alpha_i = (T_{i1}, T_{i2}, \cdots, T_{ij}, \cdots, T_{in})$$

式中，n 等于第 i 个一级指标中二级指标的数量，即 T_{in} 表示第 i 个一级指标中最后一个二级指标的数值。

若以 β_i 表示第 i 个一级指标的二级指标对应的权重组，则可以将各个二级指标的权重组利用一维列向量表示如下：

$$\beta_i = \begin{pmatrix} C_{i1} \\ C_{i2} \\ \vdots \\ C_{ij} \\ \vdots \\ C_{in} \end{pmatrix}$$

式中，n 等于第 i 个一级指标中二级指标的数量，即 C_{in} 表示第 i 个一级指标中最后一个二级指标的权重。

把某项一级指标内各二级指标标准化后的数值与其对应的实际权重相乘后求和，其值就是该项一级指标的综合发展水平，即：

$$T_i = \beta_i \times \alpha_i = \begin{pmatrix} C_{i1} \\ C_{i2} \\ \vdots \\ C_{ij} \\ \vdots \\ C_{in} \end{pmatrix} \times (T_{i1}, T_{i2}, \cdots, T_{ij}, \cdots, T_{in}) = \sum_{j=1}^{n} C_{ij} \times T_{ij}$$

同样地，牧户生计资本的综合评价数值（R）则可以表示为：

$$R = \sum_{i=1}^{5} C_i \times T_i$$

式中，C_i 是一级指标的权重。

因此，用以评价牧户生计资本的各个指标表示如下：

R：牧户的综合发展水平；T_1：人力资本；T_2：自然资本；T_3：物质资本；T_4：金融资本；T_5：社会资本。

其次，计算牧户生计脆弱性指数。基于对牧户贫困脆弱性分析，生计资本值越高，承受生计风险打击能力或者缓解及解除生计风险的能力越强，生计脆弱程度越低，即在可持续生计视角下度量牧户生计脆弱性的公式如下：

$$C = 1 - R$$

式中，C 为脆弱性指数，R 为生计资本指数。

（二）各级指标权重的赋值

权重系数表示某一项指标在该指标系统中的重要程度，确定权重通常使用的方法有客观方法和主观方法。由于引发牧户脆弱性的因素有很多，而且各个因素的影响大小也不尽相同，因此不能把各个指标的权重完全固定，需要根据牧民生活的实际情况确定各个指标的权重。

为了尽量降低主观性影响，增加各个指标赋值的科学性，本书采用了专家咨询法和层次分析法（AHP）相结合的方法。对专家进行了两轮意见征询，并对结果采用软件进行数据分析，统计指标主要有专家积极系数、专家权威程度、专家意见集中程度、专家意见的协调程度和指标权重系数的计算。层次分析法简称AHP，由美国运筹学家 T. L. Saaty 在 20 世纪 70 年代中期首次提出，它是一种将定性和定量相结合的、系统化的、层次化的分析方法。层次分析法简单明了、操作方便，对解决多目标、多准则的复杂问题，以及定性问题的量化具有极高的实用性。因此，对内蒙古牧区牧户生计资本的各个指标权重的赋值，我们采用了专家咨询法和层次分析法相结合的方法。

　　经过专家论证确定牧区牧户生计资本评价一级指标共有五个，二级指标有 15 个。通过指标间的基本关系和结构，建立阶梯层次结构模型和两两比较评判矩阵，通过各专家反馈的意见对我们构建的矩阵中各指标进行两两比较评分。矩阵比较得分取值由 Saaly 的 1～9 标度方法给出。

表 3 - 4　判断矩阵的标度定义

标度	含义
1	表示其中的两个因素相比，具有相同重要性
3	表示其中的两个因素相比，一个因素比另一个因素稍微重要
5	表示其中的两个因素相比，一个因素比另一个因素明显重要
7	表示其中的两个因素相比，一个因素比另一个因素强烈重要
9	表示其中的两个因素相比，一个因素比另一个因素极端重要
2、4、6、8	表示上述相邻判断的中间值

　　通过计算判断矩阵的特征向量确定下层指标对上层指标的贡献程度，从而得到基层指标对总目标而言重要性的赋权结果，并辅以一致性检验，以保证评价者思维判断的符实性。

　　（三）数据获取

　　内蒙古财经大学萨如拉教授对内蒙古的赤峰、锡林郭勒盟、呼伦贝尔市、通辽、兴安盟、巴彦淖尔市、鄂尔多斯牧区进行实地入户调研,发放 1200 份问卷,获得有效问卷 1011 份,调研内容主要有人力资本、自然资本、物质资本、金融资本和社会资本状况。

课题组对内蒙古牧区牧民进行了实地调研,对调研区域典型牧区课题组采取问卷和访谈相结合的方式,采集好数据后结合专家学者的建议和打分,最终根据内蒙古牧区牧户各生计资本对牧户生活水平的影响,构建层次分析结构图,进行了层次分析。目标层是内蒙古牧区牧户生计资本评价,中间是决策的准则层,最底层是指标层,指标代码与权重分布表对应。利用 AHP 的重点是在构造出决策目标层与各准则层和观测指标的层次结构上,构造重要性二元比较矩阵。如图 3-1 所示。

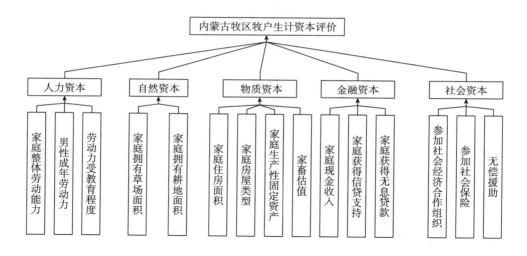

图 3-1 内蒙古牧区牧户生计资本分析

在比较判断矩阵中,一致性检验全部通过,评判矩阵合理,由此得出的权重相对可信。并且计算出了主特征向量的权重及其二级指标中各因素的相对权重,其中主特征向量中人力资本的权重为 0.2157,自然资本的权重为 0.2908,物质资本的权重为 0.2197,金融资本的权重为 0.1668,社会资本的权重为 0.1078。如表 3-5 和表 3-6 所示。

表3-5　第1个中间层中要素对决策目标的排序权重

中间层要素	权重
人力资本	0.2157
自然资本	0.2908
物质资本	0.2197
金融资本	0.1668
社会资本	0.1078

表3-6　牧户生计资本的二级指标权重

备选方案		C_{ij}	权重
人力资本	家庭整体劳动能力	C_{11}	0.4934
	男性成年劳动力	C_{12}	0.3108
	劳动力受教育程度	C_{13}	0.1958
自然资本	家庭拥有耕地面积	C_{21}	0.25
	家庭拥有草场面积	C_{22}	0.75
物质资本	家庭住房面积	C_{31}	0.2463
	家庭住房类型	C_{32}	0.2979
	家庭生产性固定资产	C_{33}	0.2096
	家畜估值	C_{34}	0.2463
金融资本	家庭现金收入	C_{41}	0.5278
	获得贷款支持	C_{42}	0.3325
	无息贷款	C_{43}	0.1396
社会资本	参加社会经济合作组织	C_{51}	0.4000
	参加社会保险	C_{52}	0.4000
	无偿援助	C_{53}	0.2000

三、结果分析

根据上文所设计反映牧民脆弱性的生计资本量化指标，运用调查问卷收集到的牧民五大生计资本的量化数据，比较不同类型牧民生计资本的分值，发现研究区域牧户贫困脆弱性指标值除了巴彦淖尔的 0.5377、鄂尔多斯的 0.5250 以外，其余地区均在 0.60 以上，表明研究区域内牧户脆弱性高，如表 3 - 7 所示。

表 3 - 7 内蒙古七盟市牧民脆弱性分析——总生计资本指数（R）与脆弱性指数 C

内蒙古牧户脆弱性	赤峰	锡林郭勒	呼伦贝尔	通辽	兴安盟	巴彦淖尔	鄂尔多斯
R	0.30576093	0.384060669	0.343079427	0.288373209	0.309740354	0.462299947	0.475033276
C	0.69423907	0.615939331	0.656920573	0.711626791	0.690259646	0.537700053	0.524966724

（1）人力资本对贫困脆弱性的影响是负向的，如男性劳动力数量提高，会使牧户贫困脆弱性下降。在当前牧区家庭中，家庭人口多，不代表人力资本存量高。因为典型家庭的主要劳动力通常是正值青壮年的夫妻，老人与儿童的劳动能力是有限的。因此，计量结果与调研中发现的现象相符。劳动力的受教育程度对脆弱性的影响是负向的。本项目组在调研中发现，贫困家庭的家长人力资本存量不高，对下一代的教育投入也非常有限，投入既包括金钱也包括精力。不同的收入阶层拥有相匹配的观念以及行为模式。在牧区的学校，老师在开家长会时能够到会的家长寥寥无几。富裕家庭教育投入较多，基于长远设计子女教育计划。由此出现了事实上的不平等结果——贫困家庭不注重或无力规划子女教育，其子女长大后更有可能陷入贫困，就会陷入如下循环：贫困→收入水平低→教育投入少→生产率低下（或选择少）→收入水平低→贫困。牧民家庭拥有较多的男性劳动力和较高的人力资本水平，表明家庭遭遇各种风险时有较多的选择权和较高的应对能力。

（2）牧户的资本与其贫困脆弱性有密切的关系。自然资本存量——家庭拥有耕地面积和草场面积对贫困脆弱性的影响是负向的，即拥有耕地面积和草场面积大则有助于降低贫困脆弱性。牧民拥有的自然资本在地区间有较大差异。草场是多数牧民一切生产和生计活动赖以存在的基础。调研地区中如鄂尔多斯地广人稀，人均草场面积大，但同一地区也有差异——低脆弱性牧户户均草场面积较大，显著高于高脆弱性牧户户均的草场面积，也大于东部通辽等地牧民户均草场面积。

（3）拥有物质资本的规模对牧户贫困脆弱性的影响是负向的。脆弱性低的牧户拥有面积大的住房。住房面积对贫困脆弱性的影响是负向的，但较小的系数（系数为 0.0015），反映出影响能力较小。首先，更大面积的住房意味着家庭有更高的收入；其次，住房类型影响牧户贫困脆弱性，影响机理是混凝土房屋相较于土坯房，通常会更坚固，有助于降低贫困脆弱性。拥有牲畜的规模对牧户家庭贫困脆弱性的影响是正向的，这点有悖于常识。牲畜是牧区最主要的产品，生产产品规模大应该降低贫困脆弱性。结合调研时牧区经济环境，本书对牲畜规模与贫困脆弱性关系的解释如下：饲养牲畜是多数牧民主要收入来源，应该有助于降低贫困脆弱性。但如果从饲养成本角度分析，近些年内蒙古草原连年旱灾、雪灾，导致饲料价格上涨，增加了牧民的生产成本，所以，从这个角度看，饲养规模的提高，增加牧民家庭支出项，从而会提高贫困脆弱性。

（4）在金融资本方面，总体上牧民人均收入低，收入来源单一，金融资本的存量和流量都低。从个体角度看，不同脆弱性牧户金融资本存量和流量方面存在差异：在现金总收入和获得贷款支持方面，高脆弱性牧户与低脆弱性牧户存在着显著差异，高脆弱性牧户与低脆弱性牧户在非正规借款方面无显著差异。可见，决定牧户脆弱性的金融资本关键因素是牧户自身获取金融资产的数量和能力。由此，会有如下循环：贫困→收入水平低→储蓄率低→没钱投资（或选择少）→购买力低→当地市场规模小→没有就业机会→贫困。

（5）在社会资本方面，牧民的社会资本主要体现为他们与周围人群及社会组织之间所建立的信任及信用关系。高脆弱性牧户与低脆弱性牧户社会资本差异主要体现在获取无偿援助次数和金额方面。由于受经济条件、人力资本等条件的限制，贫困牧民在社会群体中的信用度较低，其利用社会合作网络获取支持和帮助的能力弱，即脆弱性低的富裕牧民更容易获得社会网络支持，表现为较高的社会资本存量。牧民在参加社会经济合作组织和社会保险方面整体上并无显著差异。

综上所述，在面对诸如旱灾、洪涝、雪灾等自然灾害以及市场价格波动等风险冲击时，牧户所拥有的生计资本决定着其抗风险能力的强弱程度，拥有较多生计资本的牧户往往具有更多的选择权与应对风险和冲击的能力。牧户作为生产者，如果其资本少，会导致生产率低下，进而导致收入低，储蓄少，回到初始状态——缺少资本，无法扩大再生产；当牧户作为消费者时，收入低会导致购买力不足和投资不足，牧区作为整体，资本量就小，牧区整体生产效率低下，牧民收入低，导致贫困循环。

第三节　牧区扶贫及能力建设政策体系的设计思路

一、减贫政策与贫困脆弱性

回顾内蒙古自治区成立 72 年来，特别是改革开放 40 多年以来内蒙古的扶贫工作，在国家及自治区扶贫政策的指导下成绩斐然。走进新时代，内蒙古牧区扶贫开发工作在降低牧民贫困脆弱性方面还有待提升。

（一）物质援助的作用有限

"输血式"扶贫政策以改善贫困人口生活状况为目的，是一种转移支付，其绝非消除贫困的良方。如果物资（包括资金）援助有效，我们可以把资金转入牧区贫困人口的银行账户中，那么贫困就可以轻而易举地被消灭。按照 2011 年出台的牧区人均年收入低于 3100 元扶贫标准计算，截至 2015 年底全区共有贫困人口 80.2 万人，在没有准确数据情况下，估计牧区贫困人口占 1/4，即约 20 万人。想要解决牧区贫困，给目前 20 万牧区贫困人口的银行账户转入 3100 元，那么每年需要约 6.2 亿元（假设贫困人口没有任何收入，实际情况是贫困人口也有一定收入），实际所需要的钱数其实要少很多。但人们很难相信牧区贫困的持久存在仅仅是因为政府不愿意拿出这笔钱。因此，上述考虑显然不是解决贫困问题的正确途径。贫困问题的根源不在于 6.2 亿元，就算政府投入的资金增加到 10 亿元，贫困问题也不会因此就被消灭。

威廉·伊斯特利所著《白人的负担》讲到，过去的 50 年，西方对非洲的援助达到 2.3 兆美元，却未能给每个儿童 12 美分，未让死于疟疾的全部人数减半。

也就是说2.3兆美元花掉了，要是每个儿童能拿到12美分，打上一针疟疾疫苗的话，死于疟疾的人数就会减少一半，但是没有做到；要是其中有3美元能够到达妇女的手里边，儿童的死亡人数又可以减半，但是没有做到；如果每个家庭能够拿到3美元买蚊帐，那么大量的疾病就可以避免，但是做不到。

过去，多数国内学者认为，扶贫资金投入量将直接决定政策的成效。众所周知，中国政府一直重视扶贫资金投入。如《中国农村扶贫开发纲要（2001~2010）》实施的10年间，财政扶贫资金从2001年的127.5亿元增加到2010年的349.3亿元，累计投入财政扶贫资金2043.8亿元；其中中央财政安排的扶贫资金从2001年的100.02亿元增长到2010年的222.7亿元，10年累计投入1440.4亿元[①]；2012年，中国扶贫开发投入力度进一步加大，中央财政综合扶贫投入2996亿元，比上年增长31.9%。综上，那种认为只要政府或富裕的人们多给予贫困人口一些资金援助就能够消除贫困的观点是有问题的。2015年诺贝尔经济学奖得主安格斯·迪顿强调，"援助绝非消除贫困的良方"。

（二）减少贫困和经济发展是不同的事情，但经济发展才是消除贫困的最可靠的办法

我们来看中国取得的巨大成就。中国在20世纪70年代末，百废待兴，民众生活水平很低，贫困人口众多。中国政府迅速抓住了发达国家制造业转移和移动互联网革命等机会，实行改革开放政策，经济实力迅速提升。根据官方数据，中国人均国内生产总值在1978~2015年增长了22倍，民众的生存状态得到了大幅度的改善，并在一代人时间内让6亿多人摆脱了贫困。这样的成就让其他任何国家都望尘莫及。

今天的国际援助在规模上超出一般人想象。1960~2013年，政府开发援助累计援助金额约为5万亿美元，在官方援助以外还存在着众多的对外援助形式，比如慈善机构和非政府组织等。据估计，它们的活动使得富国流向穷国的援助资

---

① 我国财政10年累计投入扶贫资金2043.8亿元［EB/OL］. 中国央视网，http：//news. cntv. cn/20111121/108483. shtml，2011 – 11 –21.

金增加了 25% ~ 30%。接下来看国际援助的效果。根据 2010 年的世界银行数据，人均接受援助最多的国家分别是萨摩亚（802 美元）、汤加（677 美元）和佛得角（664 美元）。而中国所接受的最多人均援助是在 1995 年，人均 2.9 美元。

将镜头聚焦牧区。进入大扶贫阶段以来，贫困农牧区人口的脱贫速度明显减缓，返贫现象突出。牧区年收入 3100 元（每天约 8.5 元）这个贫困标准只能满足养活一个人的最基本需求，诸如改善健康状况或者疾病治疗等更为重要方面的花费都没有被包括在内。牧民返贫可能是因病返贫、因灾返贫、因学返贫、因残返贫等。

正如彼得·鲍尔所言，"如果发展条件并不具备，那么救助将成为仅有的外部资本来源，而它必然是不会有产出的，因此也是无效的"。"当受援助国/地区经济发展的内部条件具备之后，援助就不是必需品了；而当其内部条件不足以支撑经济发展时，援助也不会起到任何作用，并且援助还有可能使某些不利于发展的内部条件固化，起到帮倒忙的作用。"如果贫困不是缺乏资源和机会的结果，而是由于体制、制度设计不合理所致，那么给贫困者更多的钱，尤其是给贫困地区的政府更多的钱，就可能固化贫困，而不是消除它。

（三）牧民自我发展能力不足

主要表现在以下方面：多数牧民受教育程度低、市场经济意识落后、劳动技能单一、牧民收入增长渠道受阻等。

对个人而言，穷人到底该怎么办？第一个重要的出路就是自强，增加自身的教育，增加自身的人力资本投资。简单地说，就是要不断学习。俗话说"自助者天助"。善款只是外在力量。穷在中文里面就是"尽"的意思，就是没有前途的意思，只有没有前途的人才是真正的穷人。只要是有前途的人，只要是有一技之长的人，根据比较优势原理，哪怕是他在绝对能力上比别人都差，但只要他能够找到他自己的比较优势，就能够在分工合作当中改善自己的生活。

目前，中国社会保障制度发展不平衡，没有发挥好"托底"功能，从而没有很好地增进牧民的福祉。上述分析表明，在牧区社会政策领域应产生新的理念和新的政策框架，以适应新的发展需要。精准扶贫，其实也是改变以往"给钱"的思路，从"授人以鱼"转变为"授人以渔"，就是从教育、文化、医疗、商业和金融等多个领域切入扶贫工作。

（四）社会力量在扶贫中参与度有待提高

当前，扶贫工作由政府主导向政府主导、多元主体参与转变。社会力量已经成为中国扶贫开发中一支不可或缺的力量。从目前社会力量参与扶贫开发的情况来看，社会力量参与扶贫开发的程度并不高，主要是因为：扶贫开发项目多数都具有投资大、风险高、收益小的特点，这与企业盈利的本质不相符；社会扶贫的表彰和激励机制不完善，造成相关人员参与扶贫的积极性不高；社会力量参与扶贫的准入机制和管理体制缺乏，造成相关人员参与难度大、法治保障低[①]。多主体共同参与扶贫事业可以提高扶贫效率和扩大扶贫资金规模。还有重要的一点是，可以形成市场有效的反馈机制，而传统的扶贫模式，则缺乏适当的反馈机制。在传统的扶贫行善里面，没有市场化这种反馈机制。送给某人一袋子大米，免费的，问他要不要，他说要。不管质量怎么样，再来一袋子，问他要不要，他说还要。扶贫主体不知道自己做的是有效还是无效。在传统扶贫模式中，人们缺乏明确的关于效率的标准，所以我们不知道行善怎么做才是有效率的，这是非常重要的一点。

中国特色社会主义进入了新时代，综合考虑中国牧区社会、经济与制度环境的复杂性和特殊性，依照社会风险管理的政策思路，在继续强化社会保障体系的同时，拓展社会政策空间，构建"政府——社会保障机制、市场——小额保险微型金融、社会——家庭、社区、民间救助机制""三位一体"[②]的具有中国特色的牧区贫困治理体系，以适应全面建成和谐社会的总体要求。

二、基本理念——构建基于"反脆弱"的减贫策略

纳西姆·尼古拉斯·塔勒布，是当今令人敬畏的风险管理理论学者。他提出

---

① 王艳. 中国牧区扶贫开发问题研究［D］. 吉林大学博士学位论文，2014.
② 哈斯其其格. 构建内蒙古农村牧区社会保障创新体系的几点思考［J］. 内蒙古财经学院学报，2011（1）.

并定义了"反脆弱"一词，掀起了一场社会思想领域的重大革命。脆弱性是指经济主体因为风险和不确定而承受损失。塔勒布认为，脆弱的反义词不是坚强，而是反脆弱。

设计反贫困政策框架，应着眼于提高牧民家庭的"反脆弱性"，在各种风险和意外发生之时，牧民应有各种选择的机会，而不会在风险中受损。风会熄灭蜡烛，也能使火越烧越旺。遭遇同样风险的情况下，"反脆弱性"高的经济主体将胜出。

老百姓通常认为穷就是没钱，没钱就什么事情都办不到，改变不了现状就意味着穷。也就是说，由于穷，收入水平低，导致储蓄率低，没钱投资（扩大生产），因而购买力低，市场规模小，就没有就业机会，所以穷。总之，由于缺乏各种生计资本——自然资本、人力资本、物质资本、金融资本及社会资本，导致贫穷的结果。纳克斯（Ragnar Nurkse）于 1952 年在美国经济学会《美国经济评论》发表了一篇名为 Some International Aspects of the Problem of Economic Development 的文章，其中提出了贫穷怪圈。经过分析，纳克斯得出结论：一国/地区的普遍生产力水平是决定其消费市场规模的最重要因素，因而生产力水平很大程度上是由生产中所使用的资本决定的，由于欠发达地区资本的使用受到各方面条件的约束，因此其市场规模小。纳克斯强调资本在提高生产力水平和扩大消费市场方面的重要作用。他根据萨伊定律指出，在没有通货紧缩缺口的情况下，资本的供给能自动创造需求。

如何打破贫困的恶性循环？只有增加就业才是摆脱贫困的突破口。摆脱贫困要努力增加生产，让牧民有活干。既然当地市场规模小，那么就只好另找出路，开发外部市场，给牧民创造就业机会。

自给自足就是贫困。科学家近距离观察了一些现今依然存在着的原始部落。这些原始部落过着自给自足的日子，无一例外，他们的生活都赤贫。纵观人类发展史，我们的祖先找到了可以交易的对象，一旦有了物品交换，就必然出现一个结果，即"社会分工"。一个人只做一件自己最擅长的事情，再用做这件事创造的收益去换取他人生产的其他物品。这就促进了社会分工的形成。而因为有了社会分工，人们就可以投入更多的时间和精力做自己擅长的事，产生更大的价值。

今天，所谓穷，可以说是不能把自己的时间，卖到足够高的价格，用来购买自己所需要的服务。所谓富，就是不仅能够买到自己需要的基础服务，还能买到自己想要的独特服务。

以人为本是牧区发展战略的落脚点。只有给牧民提供就业机会，让广大牧民群众参与到变革社会的伟大实践中来，才能从根本上改变牧区贫困落后面貌。过去主流的观点多主张增加对牧区的资金投入，本书认为要结束贫困并不能只靠资金投入，要摆脱贫困还要靠牧民自身努力，关键在于就业。

三、基于"反脆弱"的牧区减贫政策目标

上文提到，贫穷的穷在中文里面就是"尽"的意思，就是没有前途的意思，只有没前途的人才是真正的穷人。只要是有前途的人，只要是有一技之长的人，哪怕他在绝对能力上比别人都差，他都有机会找到自己的比较优势，从而有机会走出困顿，摆脱贫穷。接下来基于"反脆弱"视角，对拟构建的牧区社会风险管理框架进行分析。其目标是防范和补偿社会风险所致的损失，以提升牧民自我发展能力，包括以下几个方面：

（一）目标1：预防贫困

社会风险管理以预防和减少贫困为首要目的。世界银行要求对贫困和高风险人群提供事前的收入支持以鼓励其选择高风险/高回报的经济活动。从本质上讲，这是提升贫困者的"反脆弱性"举措。具备了"反脆弱性"，贫困者抵御冲击的能力提高，从而逐步摆脱贫困。干预的措施应该根据风险的类型选择不同的工具[①]。

反脆弱是让经济主体避免风险损失，甚至从扰动、冲击和不确定中获利。塔勒布提出的反脆弱的做法是：承认各种自然灾害和意外事件发生的必然性，通过"冗余备份"来直接应对，从而不仅能避免受损，甚至还能从中获益。比如，农牧区居民通过购买小额人身保险、健康保险的方式将主要家庭成员早逝风险和健

---

① 哈斯其其格. 中国转型期农村社会风险管理机制研究 [D]. 西南财经大学博士学位论文，2009.

康风险转嫁给保险公司。当意外降临，通过保险公司支付的保险金渡过难关。总之，如果在生活中各种意外和不确定性发生之前，经济主体能够以很低的成本买到一个未来发生意外后获得很大收益的选择权，那么该经济主体就有了反脆弱性来对抗不确定性，从而避免损失。

（二）目标 2：促进个人发展

风险无处不在，无时不有。任何人都不可能完全独立于风险之外。牧民面临着人力风险、自然资本风险、物质资本风险、金融资本风险以及社会资本风险。但正如贫困脆弱性分析所呈现出来的，人们应对或处置风险的能力因为其所拥有的各种资本的存量和流量不同而有所不同。谁拥有更多的人力资本、物质资本等，就意味着当其面临风险冲击时会拥有更多的"弹性"或选择权。

设计反贫困政策框架，应着眼于提高牧民家庭的"反脆弱性"，在各种风险和意外发生之时，牧民应当有各种选择的机会，而不会在风险中受损。在遭遇同样风险的情况下，具有"反脆弱性"的经济主体将胜出。

明确反贫困的目的，可以更好地实施扶贫政策。扶贫首先应该立足提高贫困群体自我发展能力。一直被贫困群体行善者认为最好的东西，对于提升贫困者能力来讲也许无帮助。牧民收入水平低，脆弱性高，极易受到负面冲击。通过提高牧民"冗余备份"，不仅能使牧民遭灾时避免受损，甚至还能从中获益。

（三）目标 3：促进经济社会协调发展①

使社会总体福利最大化是社会风险管理的最高目标。"福利多元化"包含福利目标的多元化。英国经济学家尼古拉斯·巴尔认为，社会福利是"存钱罐"，它既是银行，也是保险。也就是说，社会政策既有再分配的功能，也有社会投资的功能。通过投资发展牧区教育、卫生事业，对牧区和牧民社会资本和人力资本进行投资，充分发挥社会福利，具有帮助人们实现潜能的作用，从而最终实现经济社会的协调发展。

---

① 哈斯其其格．中国转型期农村社会风险管理机制研究［D］．西南财经大学博士学位论文，2009．

第四章　其他力量在扶贫领域的作用

以政府为主导的扶贫开发具有诸多不可替代的优势。政府将扶贫纳入整个国民经济和社会发展中，在动员等方面具备绝对优势。在可以预见的未来，政府仍将是扶贫领域的主要角色。然而，非政府组织、民间合作以及商业保险等机制在贫困治理体系中发挥着越来越重要的作用。为了使牧民尽早摆脱贫困，应重视对多种力量的扶贫作用进行深入分析。

第一节　社会保障制度改革发展的趋势

100 多年来，社会保障制度是一种行之有效的风险管理措施，政府通过收入再分配来降低劳动者面临的由于收入不确定性所带来的各种风险冲击。然而自 20 世纪 70 年代始，社会保障制度面临着前所未有的挑战。

一、国际社会保障改革发展的趋势

社会保障是国家治理的组成部分。今天各国政府纷纷将其置于更为优先发展的战略位置。社会保障制度的完善，对牧区扶贫以及经济社会的协调发展具有十分重要的意义。

（一）社会保障制度是经济社会发展的重要议题

由于受 2008 年以来全球经济危机等影响，世界经济迄今仍处于低潮时期，社会保障在局部地区被视为妨碍经济发展甚至导致经济危机的重要原因，新自由主义与反福利思潮甚嚣尘上，这种似是而非的观念，使社会保障面临着更加复杂的挑战。但总体上看，世界社会保障制度还在持续发展，其作为国家治理体系的支柱性制度安排，发展势头不可阻挡，各国经济发展离不开这种内生的、源源不断的动力，社会发展进步更加离不开社会保障制度的完善与发展。中国人民大学教授郑功成指出，中国作为一个快速发展中的大国，社会保障正以超乎寻常的速度与规模在发展。2012 年建立了普遍性养老保险制度，所有老年人都能按月领取一笔数额不等的养老金，现在领取养老金的人数约 2.5 亿人；建立了覆盖 13 亿多人口的全民医疗保险制度，并正在加快城乡制度整合步伐，向全民健康保险的方向快速迈进；建立了综合型社会救助制度，并再度发起大规模扶贫运动，中国政府决心要在 2020 年前消灭区域贫困与绝对贫困人口，让全体人民步入全面小康生活时代；中国还在大力推进以居家养老为主体的养老服务业发展，正在实施让 8500 多万残疾人在 2020 年前步入小康生活的重大行动方案。不仅如此，中国的社会保障水平也在持续大幅度提升，养老金从 2005 年到 2015 年每年增长 10%，2017 年增幅为 6.5%；医保报销水平平均在 70% 以上；其他各项社保待遇也在持续提高之中，中国为扩大世界社会保障覆盖面与提升全球社会保障水平做出了最大贡献。

实际上 20 世纪 90 年代，亚洲和拉美地区的许多中等收入国家重新认识了经济增长和社会保障之间的关系，社会保障对经济发展的积极促进作用得到重视。从 2000 年起，阿根廷、巴西、印度、印度尼西亚、墨西哥、南非等国均对各自的社会保障制度进行了大力拓展①。

（二）社会保障改革的理念从"社会保障"转向"社会投资"

西方福利国家对于现行社会保障制度是否可靠以及怎样才能够获得更可靠的社会保护等问题的探索从未停止。近年来具有影响力的社会政策理论有：积极的社会政策理论、社会投资理论和社会风险管理理论。这些新的政策理念强调政

① 周弘，彭姝祎. 国际金融危机后世界社会保障发展趋势 [J]. 中国人民大学学报，2015（3）.

府、市场、社区、民间组织通力合作，共同提供经济保障和社会保护。重视防范风险而不仅仅是对风险损失进行补偿。政策手段不再局限于对收入进行再分配，其目的在于培养人的能力，追求社会政策与经济政策的整合，实现经济与社会协调发展①。

（三）结构性转型——构建多支柱的保障体系

自 20 世纪 70 年代以来，传统社会保障制度面临着前所未有的挑战，尤其社会保障制度的财务可持续问题成为了社会政策领域的热点问题。1999 年，世界银行提出了社会保护政策的全新理念——社会风险管理框架，旨在拓展现有的社会保障政策思路，强调运用多种风险控制手段，合理分配政府、市场、民间机构及个人的风险管理责任，通过多种社会风险防范与补偿的制度安排，系统、综合、动态地处置新形势下各国面临的日趋严峻的社会风险，实现经济社会的平衡发展和可持续发展②。

总之，在新形势下现行正式的、以社会保险为核心的制度安排不能够很好地应对经济社会风险冲击。结合牧区贫困风险分析结果以及当前国际国内形势变化，在牧区扶贫政策制定过程中应着眼于提升牧民自我发展能力，探索构建牧民"反脆弱性"政策框架。因此，多层次、多主体参与的社会保护模式是牧区社会政策工具箱中的必选项。该理念也与党的十九大报告提出的"构建多层次社会保障体系"目标高度吻合。

二、福利五边形③

人类社会发展到今天，已经开发出许多办法应付生存风险，政府社会保障是其中非常重要的一种方式，但也仅仅是其中的一种办法而已。各种民间互助、家庭保障以及保险制度都是传统有效的风险管理组织形式。而在那些正式社会保护

---

①③　哈斯其其格．中国转型期农村社会风险管理机制研究［D］．西南财经大学博士学位论文，2009．

②　林义．强化我国社会风险管理的政策思路［J］．经济社会体制比较，2002（6）．

政策不完善的国家和地区，人们的需求和风险则通过非正式安排而得到部分缓解。总括地讲，可以组织起来的风险管理主体大致有五个：政府、市场、社会网络、合作组织、家庭保障，这五个主体都可以被用于满足需求和控制风险。

但是，这并不意味着市场、政府、社会网络、合作组织、家庭保障五种解决方法总是同时可行和有效的。现实世界里，经济学家总是觉得，只要有了市场经济制度，人们马上就会找到创造财富的机会。实际上有市场失灵现象。当我们面对家庭、社会网络、会员组织做出选择时，也有可能因无效而失去意义。在市场失灵和家庭出现问题的时候，国家可以承担解决危机的责任，不过这同样也不表明政府干预一定可行、有效，因为政府也有可能像市场一样出现失灵。

上述分析说明，在新形势下，单纯依靠个人、家庭或政府等个别风险管理主体的力量，还不能有效应对社会化的风险，有必要整合各种力量。我们整合政府、市场、社会网络、合作组织、家庭等主体在风险管理中的互补优势，引入福利五边形，如图 4 - 1 所示。

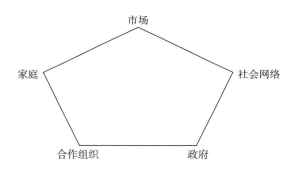

图 4 - 1　福利五边形

资料来源：罗兰德·斯哥等. 地球村的社会保障［M］. 北京：中国劳动社会保障出版社，2004.

福利五边形告诉我们，当个人不得不面对需求或风险问题时，他们可以求助于福利五边形的某一点所表征的主体或这些主体的组合，以达到目的。个人可以依靠参与市场活动，可以求助于社会网络，也可以依赖他们生活的家庭、会员组织，还可以寻求政府干预。

整个社会是个复杂系统，任何主体想要彻底"控制"这个系统是不可能的，也是不应该的。市场与政府干预是最为人们所熟知且长期以来主导社会福利政策争论的。我们要政府干预？还是交给自由市场？其实，解决问题不一定非得二选一，要么政府，要么市场，完全可以让政府和市场以及其他主体共同起作用。

总之，当今世界多数政府不再对社会保障大包大揽，而是加强各种力量的合作，逐步形成多层次、多支柱的社会保障体系。欧洲的经验已经表明，政府力量在社会保障中的占比在逐步降低，欧洲正在建立多支柱的养老体系。党的十九大报告提出，加强社会保障体系建设，按照兜底线、织密网、建机制的要求，全面建成覆盖全民、城乡统筹、权责清晰、保障适度、可持续的多层次社会保障体系。

第二节　NGO 参与农村牧区扶贫案例分析

NGO 即非政府组织。NGO 在国外有不同名称——"独立部门""第三部门""非营利组织""慈善组织"等，这些概念主要是指处于政府与私营企业之间的那部分制度空间。莱斯特·M. 赛拉蒙（Lester M. Salamon）所定义的 NGO 具备以下特征：组织性，NGO 有属于该团体的规章制度、团体的负责人和团体的经常性活动；非营利性，NGO 不以营利为目的；自治性，NGO 往往自己控制和管理自己的事务；志愿性，NGO 具有显著的自愿参与成分；民间性，NGO 在体制上属于独立于政府的"第三部门"，但并不是运行于真空中，它可以接受政府的一些资助。

NGO 在全球范围的兴起始于 20 世纪 70 年代，在 1972 年斯德哥尔摩联合国人类环境大会后逐渐形成，它是 20 世纪后期国际社会重要的政治和社会现象。从 20 世纪 90 年代起，NGO 在许多国际组织和国际会议中扮演着重要的角色，特别是在人权保护、环境保护、劳工问题、发展问题等领域十分活跃，其活动十分有成效，因而被誉为政府有效的"减压阀"和"稳定器"。

一、NGO 参与农牧区扶贫实践——以赤峰市昭乌达妇女可持续发展协会为例

改革开放以来，人们熟知的中国红十字会、中国残疾人联合会等民间组织主动介入到农村牧区扶贫领域，在帮助弱势群体，促进社会公平方面取得了很大的成绩。接下来介绍面向低收入特殊群体服务的组织及其项目，想通过对其服务的介绍，让大家了解到 NGO 参与农村牧区扶贫的功能作用及成效。

（一）案例地概况

赤峰位于内蒙古东南部，总面积 9 万平方千米，总人口 464.3 万人，其中蒙古族人口 94.3 万人。2016 年，全市地区生产总值 1933 亿元，公共财政预算收入 111.8 亿元，全市城镇常住居民人均可支配收入 27336 元、农牧民人均纯收入 9517 元①。尽管近年赤峰的经济发展较快，但经济总量较小，人口多，经济基础薄弱，地处北方半干旱地区，自然环境恶劣，是国家和自治区重点扶持的少数民族贫困区，扶贫攻坚任务仍非常艰巨。

（二）赤峰市昭乌达妇女可持续发展协会概况

赤峰市昭乌达妇女可持续发展协会（以下简称协会）是根据中华人民共和国有关法律和社团管理条例成立的非营利性社团法人。由内蒙古赤峰市妇联和商务部中国国际经济技术交流中心联合发起，2001 年在赤峰市民政局注册②，主管部门是赤峰市妇联，现有 9000 多名会员。

该协会主要在当地的国家和内蒙古自治区重点支持的贫困旗县，尤其是在少数民族地区开展业务。农村牧区已婚妇女是一个特殊群体。她们没有高等学历，也没有特殊技能；她们勤劳坚忍，盼望子女出人头地，盼望家庭蒸蒸日上；她们

---

① 赤峰市人民政府网站，http：//chifeng.gov.cn/zjcf/cfgk/2015－08－25－132882.html.
② 赤峰市昭乌达妇女可持续发展协会官方网站，http：//www.czwsda.org.cn/gywm/qck.asp？id＝15.

不需要大额的投资，只需要一小笔贷款，就能盘活家庭的小产业，实现自己的致富之梦。协会自成立之日起致力于妇女发展、儿童救助等社会发展目标，实施的项目有小额信贷扶贫和救灾等。近年来协会成功地实施了 UNDP 援助的内蒙古扶贫与妇女参与发展项目、日本政府援助的敖汉旗妇女小额信贷扶贫项目、美国花旗银行通过孟加拉国"GT"援助的妇女小额信贷扶贫项目、美国格莱民基金会小额信贷项目、美国扶贫济困基金会小额信贷项目和世界银行、日本世川财团支持的能力建设等项目、壹基金小额信贷保险项目、美国我开小额信贷项目和赠与亚洲小额信贷发展项目、宜信 P2P 项目、社会性别倡导项目、中国民间社会性别网络项目，都取得了较好的效果①。

（三）扶贫实践中取得的成绩

首先，协会在支持贫困妇女增加收入和提升能力方面成效比较明显。协会的业务就是面向农村牧区低收入已婚妇女提供方便快捷的小额信贷服务。协会工作人员深入田间地头，走村入户，走通了金融服务的"最后一公里"。抽样调查显示：在协会提供小额信贷的家庭中，96% 的家庭收入有了不同程度增加，80% 的妇女家庭地位显著提高，能力有所增强，妇女的活动空间和参与领域明显扩大，还涌现出一批懂技术、善经营、会管理致富典型②，如 2013 年右旗信贷员其力木格获得"最美乡村信贷员"荣誉称号；同年，协会客户哈斯其其格获中国银行业协会（花旗集团）微型创业奖。

其次，协会在帮助贫困家庭增收的同时兼顾自身的可持续发展，实现了"双赢"。协会 2015 全年共发放小额信贷 6335.30 万元，比上年增加 1144.50 万元，增长 22.04%。截至 2015 年底，协会开展的小额信贷扶贫活动，已累计发放各类小额信贷 4 亿元，受益家庭达 4 万多，受益人口突破 13 万。截至 2016 年底，已累计发放各类小额信贷 4.5 亿元，已有 4 万多个家庭、16 万人口受益。协会运作规范、管理科学，发放的小额贷款还款率始终保持在 99% 以上；在国内一些大

---

①②　赤峰市昭乌达妇女可持续发展协会官方网站，http：//www.czwsda.org.cn/gywm/qck.asp? id = 15.

中型金融机构苦于坏账、呆账比重大而难以有效控制风险的情况下，该协会贷款风险比率控制在 0.5% 以下，实现了自负盈亏的财务目标。

协会通过帮扶贫困妇女，在为客户创造致富条件的同时，也实现了自身的发展壮大。协会 2001 年成立时资产 309 万元，截至 2015 年底，协会总资产达到 4371.12 万元，比上年增加 567.25 万元，增长 14.91%；协会有会员 9000 余名，有效客户 5856 户，比上年增加了 533 户，增长 10.01%①。

最后，协会信誉不断提升，社会公信力增强。公信力是社会组织的生命力所在。协会为赤峰市城乡贫困家庭妇女提供小额贷款及技术、法律及教育等相关服务，帮助她们开展创收活动。协会工作人员在赤峰市贫困农牧区开展业务过程中，纵横大漠戈壁，发放贷款，只为一个使命——帮助她们实现自己的致富梦想。由于协会及其工作人员卓越的工作，协会受到了越来越多的农牧民欢迎，同时也得到了同行及社会的广泛认同。2014 年协会获得第三届华尊奖，荣获中国妇女小微金融服务最具影响力品牌机构；2015 年协会客户温利杰获得中国银行业协会（花旗集团）2014 年度微型创业人物奖，同年，右旗信贷员春花获得全球基金会亚洲/太平洋地区信贷员奖，在中国民间公益透明榜单发布会上排名再次提前，位居全国第 13，协会荣获"2014 全国农村金融十大品牌创新机构"奖，协会秘书长霍桂林荣获"中国小额信贷杰出贡献奖"②。

二、经验与启示

（一）经验

首先，协会精确地瞄准了某一部分特定群体的特定需要，将贷款对象锁定为农牧区已婚贫困妇女，该群体家庭年收入较低、家庭资产净值不足 1 万元。但她们遵纪守法、勤劳能干，期盼自己的日子能够红红火火。

其次，贷款期限短，额度小、手续简便。贷款期限最长 1 年，最短期限为 84

---

① ② 该协会官方网站，http://www.czwsda.org.cn/gywm/qck.asp? id = 54.

天。农村牧区新会员贷款额度为 1500 元，老会员贷款额度为 3000 元，最高为 10000 元。新老会员一般在 2~3 天内即可按需要申请到贷款，最多不超过 14 天，申请成功率一般在 80% 左右①。

再次，贷款利率适中，还款方式灵活性强。农牧业贷款主要针对以种植业或养殖业为主业的客户群。基本贷款的名义利率是 8%，由于受整借零还等因素影响，各种贷款品种的实际利率均在 15% 左右。一次性贷款，每两周还款一次，贷款期限为一年，分 25 次还完。发放贷款后的第 21 天起开始还款。

最后，小组互助互保，无须抵押。充分发挥互助合作传统，协会规定每 5 个非直系亲属关系的贫困妇女在完全自愿的基础上组成一个小组，一般为 3~10 个小组组成一个中心。小组成员之间针对贷款使用和偿还相互帮助、监督并相互提供担保，承担连带还款责任②。

（二）启示

第三章的分析发现，资本缺乏是贫困的重要原因，而向贫困人口提供起步资本是小额贷款的最重要功能之一，也是小额贷款反贫困的直接作用机制。小额贷款之父尤努斯创建的孟加拉格莱珉银行的服务对象主要是当地的贫困妇女，通过创新借款担保方式，不仅解决了小额信贷的风险控制问题，而且很好地发挥了小额信贷的扶贫功能。尤努斯认为，"借贷是人权，是穷人也应拥有的权利，而为穷人提供小额信贷，是消除世界性贫困最有力的武器"③。在中国牧区，金融发展落后，特别是在贫困地区，如何消除普遍性的使贫困固化的金融压抑，提高牧民的信贷或金融服务的可及性，也是反贫困的重要政策选项。

第一，NGO 等社会组织在消除贫困方面大有可为。面对牧民的生计脆弱性，"反脆弱性" 视角要求以提高贫困人口的可行能力为核心，通过赋予贫困人群一定的 "冗余备份" ——如信贷资源，使其拥有自我发展的能力。NGO 等社会组

---

① ② 王志学 . NGO 参与农村扶贫的困境分析及对策研究——以内蒙古赤峰市昭乌达妇女可持续发展协会为例［D］. 内蒙古农业大学博士学位论文，2014.

③ 穆罕默德·尤努斯 . 穷人的银行［EB/OL］. 新华社瞭望东方周刊，http：//finance. sina. com. cn/leadership/mroll/2012042 3/120011896558. shtml.

织是政府和市场的重要补充，对经济社会和谐发展具有重要意义。一方面，社会组织参与扶贫可以弥补政府扶贫的不足；另一方面，由于贫困牧民缺少必要的抵押品和担保，每笔业务需求的数额小，而且收入受外部冲击的影响大，其金融需求往往被正规金融排除在外。NGO 已经在扶贫和赈灾等公益事业中发挥着重要作用。动员和组织民间力量参与扶贫是中国扶贫的重要内容，据统计，在《国家八七扶贫攻坚计划（1994~2000 年）》期间，民间组织和其他社会力量直接动员的各类扶贫资金和物资折款 500 多亿元，占扶贫资金的 28%，扶贫贡献率在30%~35%。进入 21 世纪，在政府的鼓励和支持下，民间组织在促进贫困地区教育公平、改善贫困地区卫生健康条件、提供及时人道救援和促进农村贫困社区发展等方面不断创新模式，扮演着十分重要的角色。

第二，社会力量在扶贫中参与度有进一步提升空间。党的十八大和《中国农村扶贫开发纲要（2011~2020）》提出要鼓励社会组织通过多种方式参与扶贫开发。当前，共青团中央、中国扶贫基金会等具有影响力的全国性的民间组织都投入到扶贫攻坚伟大事业中，并取得了不少成就，已经发展成为中国扶贫开发中一支不可或缺的力量。然而社会力量参与扶贫开发仍有很大发展空间。从实践看，当前我国很多 NGO 资金来源单一，短期内筹措到大量资金有难度。从赤峰市昭乌达妇女可持续发展协会成功经验看，经费来源多元化应该是社会组织未来努力的主要方向，包括国内外援助、捐赠等。通过组织宣传，让更多的社会组织机构和外资企业加入到扶贫行列中，利用先进的生产技术和管理理念，帮助贫困地区调整产业结构，提升产品附加值，努力建设自然节约型、环境友好型社会，帮助国家和地区缩小贫富差距，实现社会和谐，确保贫困地区和人口的可持续发展。

第三节　牧区合作组织发展现状及问题

以非正式规范为基础的互助是现代经济的重要组成部分。非正式制度通过价值观、伦理规范、道德观念的作用从多个侧面影响着人们的行为。因而，在牧区反贫困战略中不能不考虑到非正式制度的影响。

一、积极培育合作社的必要性分析

2016 年 1 月 27 日，2016 年中央一号文件以《关于落实发展新理念加快农业现代化实现全面小康目标的若干意见》为题全文公布。全文共 9 次提到合作社，对合作社新型农业经营主体的地位、发展休闲旅游业合作社、合作社示范社建设、合作社融资等方面进行了阐述。

（一）合作社是农牧民抵御共同风险的有效机制

每一个农户或牧户都是一个势单力孤的市场主体，任何一次原料（种子、化肥、饲草）价格的上涨或农产品的严重歉收都可能对其形成一场灭顶之灾。产量严重过剩的时候，降价出售会招致同行的怨恨，不降价出售就会造成很大的损失。同行应该联合起来，彼此关照，彼此体谅，一致对外——在上游更容易向种子、化肥、饲草供货商杀价，在下游更容易抵制消费者的杀价。于是，各行各业的"行会"、合作社就这样形成了。合作社的本质，就是自发组织起来的一种利益联盟。自然灾害、各种意外冲击在任何社会都存在，它们是不会消失的。它们的存在给农牧民带来了各种风险和不确定性，也增加了农牧业生产的脆弱性。因此，互助的制度和风俗习惯依然存在于广大农牧民当中，这使他们团结在一起，抱团取暖。

（二）发展合作社是我国农牧业经济发展需要①

通过发展合作社可以提高规模化水平从而提高竞争力，降低农产品成本。我国农牧业经营规模小，不利于降低农业生产成本。通过发展合作社使众多农牧民由分散经营走向联合开发市场，可以保护农牧民的利益。我国小农在全球化大市

---

① 盖志毅.2016 年中央一号文件对于合作社的阐述及其解读［EB/OL］.http：//blog.sina.com.cn/s/blog_611837af0102w6tz.html，2016－02－14.

场面前的惨烈悲剧，随处都在上演，因为他们的产品没有竞争力，他们也没有议价筹码，没有谈判资格。近几年，牛羊肉价格大幅下跌一定程度上是因为内蒙古牛羊肉生产成本高，与国外进口肉相比没有价格上的优势所致。马克思在《路易·波拿巴的雾月十八日》一文中，对于当时法国小农无力从政治上反映和代表自身利益有过非常经典的论述，他认为法国农民之间由于没有组织起来形成政治组织，所以尽管他们具有高度一致的个人利益，也无法通过他们单个自己得到保护。

二、牧区合作社发展现状分析

自 2002 年以来，我国社会组织持续平稳快速发展。2007 年《中华人民共和国农民专业合作社法》（以下简称《合作社法》）正式颁布，农牧民合作社等社会组织发展呈现出良好的态势。"十三五"规划纲要指出，支持行业协会商会类、科技类、公益慈善类、城乡社区服务类社会组织发展。截至 2015 年底，初步统计全国各类法人社会组织约有 65.7 万个①。《合作社法》激发了广大农牧民兴办合作社的热情，各类农牧业合作社像雨后春笋般迅速发展壮大。特别是近年以来，内蒙古自治区工商管理局紧紧围绕自治区"8337"发展思路，立足工商职能，精心组织落实，大力助推农牧民专业合作社快速健康发展。

截至 2014 年底，内蒙古各种农牧民专业合作社达到 6.3 万家，自治区级合作示范社达到 600 家，50% 以上农民专业合作社实现标准化生产、品牌化经营、规范化管理，带动农牧户能力明显增强，合作社成员收入比当地未入社农牧户高10% 以上②，合作社已成为农牧民增收创业的新起点。

自治区政府配合《合作社法》，以促进农牧民增收为目的，于 2015 年出台了《内蒙古自治区人民政府关于推进农牧民合作社持续规范发展的意见》

---

① 马庆钰.《慈善法》为社会治理补充发展新动能加快现代化进程 ［EB/OL］. http：//cssn. cn/st/201603/t20160330_ 2945835. shtml，2016 – 03 – 30.

② 解读内蒙古推进农牧民合作社规范发展的意见 ［EB/OL］. 内蒙古新闻网，http：//inews. nmgnews. com. cn/system/2015/05/27/011692119. shtml，2015 – 05 – 27.

（以下简称《意见》），要求到"十三五"末，自治区规范运行的农牧民合作社力争达到3.5万家；自治区、盟市、旗县三级农牧民合作社示范社数量达到5000家；农牧民合作社成员（代表）大会、理事会、监事会"三会"健全率提高到90%以上，民主管理水平显著提高；财务管理逐步达到信息化、规范化①。

不顾他人需要而一味追求个人利益的行为不是现代市场经济的唯一特征。同这一冰冷的市场法则并行的还有农牧民等群众为了重新建立互助和互援的长久制度传统而进行的艰苦努力。研究发现，在社会各个阶层中都有着广泛的运动，以期建立各种各样的互助组织。因此，《意见》对促进农牧民合作社持续规范发展有重要意义。目前，内蒙古农牧民合作社的数量、合作的范围和领域不断扩展，开始逐渐由数量扩充进入到质量提高的发展新阶段，带动农牧户能力不断增强，已逐渐成为发展农村牧区经济的新型实体和创新经营管理的有效载体②。然而不容忽视的是，其功能作用还有待进一步提升。

（一）农牧民专业合作社合作领域有限、覆盖牧户少

从合作社发展现状看，《合作社法》实施以来内蒙古牧民合作社的数量、合作的范围有扩展的趋势，但目前合作领域有限、覆盖牧户少。内蒙古财经大学萨如拉教授在牧区进行的入户调查数据显示，调查对象中66.4%的牧民表示村里没有合作社，如表4-1所示；只有3.5%的受访者参加了农牧民合作社。目前牧民合作社主要合作内容有生产销售市场信息或技术服务、资金互助。其中生产合作、销售合作、市场信息或技术服务、资金互助、生产资料购买、综合性合作等，具体比例如表4-2和表4-3所示。表明广大牧民群众对合作社的认识还有待进一步提高。

---

①② 内蒙古自治区人民政府关于推进农牧民合作社持续规范发展的意见［EB/OL］. 内蒙古自治区人民政府网，http：//www. nmg. gov. cn/xxgkml/zzqzf/gkml/201509/t20150915_ 495108. html.

·101·

表4-1　苏木、嘎查里有没有合作社

村里有没有合作社	频次（户）	百分比（%）
有	340	33.6
没有	671	66.4
合计	1011	100.0

表4-2　合作内容

合作内容	频次（户）	百分比（%）
生产	22	39.3
销售	9	16.1
市场信息或技术服务	3	5.4
资金互助	3	5.4
生产资料购买	2	3.6
综合性	5	8.9
其他	12	21.4
合计	56	100.0

表4-3　家庭生产经营类别

生产经营类别	频次（户）	百分比（%）
专业大户	21	2.1
家庭农牧场	31	3.1
合作社成员	35	3.5
农牧业企业入股者	1	0.1
其他	923	91.3
合计	1011	100.0

（二）牧民对合作社功能作用的认同度不高

目前，部分旗、苏木对《合作社法》的了解程度还不高，对合作社在农牧业增效、农牧民扶贫及增收中的重要作用认识不足，课题组调研27户数据显示，被调查者中只有25.4%的人认为参加合作社有收益，如表4-4所示。表明农牧民对合作社的功能作用还不太认同。有的牧民甚至将专业合作社与龙头企业的发展混为一谈。多数牧民对合作组织不放心，主动参与合作社的积极性不高。

表4-4 参加合作社是否有收益

收益	频次（户）	百分比（%）
有	16	25.4
没有	47	74.6
合计	63	100.0

至于参加合作社没有收益的原因，25.9%的受访者认为合作社基本没有做什么具体工作；调查中还发现，有些合作社成立时间不长，还没到期效益的时候占37%；也有人认为，合作社没有收益是经营不善所致，占14.8%。当前内蒙古农牧民专业合作社覆盖面较窄、牧民认同度有限，合作社还不能满足农牧民增收的需要。

表4-5 参加合作社没有收益的原因

没有收益的原因	频次（户）	百分比（%）
还没到期效益的时候	10	37.0
经营不善	4	14.8
基本没有做具体工作	7	25.9
其他	6	22.2
合计	63	100.0

（三）资金缺乏、合作社规模小、人才短缺

物质资本和人力资本的"双匮乏"制约着牧区经济发展和牧民脱贫致富。畜牧业资金短缺的问题长久以来困扰着牧民。课题组对阿鲁科尔沁旗牧民进行了调研，从中了解到，在从银行等正规部门贷款成功的牧民中39.5%的人表示借款不能满足资金需求（见表4-6）。从个人（民间借贷）借到资金的牧民中37.3%的人表示借款不能够满足资金需求（见表4-7）。从调研了解到的情况看，牧民之间的资金合作只占现有合作的一小部分，表明仍有很大缺口难以解决。同时，由于投入不足，大多数合作社规模偏小。调研中发现，有的牧民合作社入股社员少，合作社成员仅5～10户，大多合作社处于松散状态，没有形成合力。再者，近年来牧区人才流失严重，导致合作社缺乏经营管理人才，服务带动辐射能力不强。

表4－6　从农村信用社、合作银行、农村商业银行借到的借款是否能够满足资金需求

能够满足资金需求与否	频次（户）	百分比（%）
能	231	60.5
不能	151	39.5
合计	382	100.0

表4－7　从个人（民间借贷）借到的借款是否能够满足资金需求

能够满足资金需求与否	频次（户）	百分比（%）
能	74	62.7
不能	44	37.3
合计	118	100.0

（四）合作社运行管理不够规范，达标合作社不多

农牧民合作社是否顺利运行，关键在于其运行是否规范，能否降低农牧业生产成本、能否提高农牧业生产效率。欧盟、北美和日本等发达国家都非常重视发展合作社，如日本把农协制度作为发展农业的组织措施，以法治社，为其发展创造前提条件①。目前，内蒙古大多数农牧民合作社尚处于起步发展阶段，多数合作社利益分配机制不明，内部管理制度不健全，生产环节服务不够，辐射作用不强。下一步应通过规范合作社管理，有效联结农牧业生产、经营、销售、物流环节，提高合作社发展质量，从而为建设现代农牧业提供坚实的组织支撑。针对牧民合作社存在的问题，提供有针对性的整改建议，实现合作社的健康运营，增强

---

① 盖志毅.2016年中央一号文件对于合作社的阐述及其解读［EB/OL］.http：//blog.sina.com.cn/s/blog_611837af0102w6tz.html，2016－02－14.

合作社的带动能力，最终提升农牧民的市场参与程度。

第四节 牧区社会资本作用分析

在传统中国宗法共同体之内，"人人亲其亲，长其长"，任何一个人都不是独立的个体，而是宗法网络当中的一个节点，牵一发而动全身。"老王"和他的宗族亲属是作为一个整体聚居在一起的，不管谁遇到麻烦，都有"组织"为其撑腰："老王"的各种医疗、养老、教育、就业问题，都有整个宗族给他做靠山。那时，宗族互助起到了今天的医保作用。正所谓一人有难，八方支援。这里所谓"八方"，并不是全国各地、五湖四海的人们，而是指三亲六戚，三姑六婆。社会分化改变了一切，动摇了传统牧区社会结构的稳定性，在很大程度上摧毁了民间自古就形成的出入相友、守望相助等美德，传统乡村社会的超稳定结构开始松动瓦解。在乡村，社会冷漠、人情淡薄、为所欲为的个人主义思想倾向得到广泛传播。在这样的背景下，将社会资本理论引入牧区扶贫及牧民自我发展能力建设议题中，具有重要的实践意义。

一、社会资本是提升自身发展能力的重要途径

社会资本对经济发展、社会稳定的积极作用在学术界已经取得共识。社会资本是在人们相互交往、互动的过程中形成的以个人或社会组织为载体，以价值观、信任、制度、规范和网络等形式存在的社会资源的总和。

（一）社会资本为人力资本增值提供可靠的途径①

人力资本通过社会资本的纽带驾驭物质资本创造社会财富、推动经济增长。

---

① 哈斯其其格. 中国转型期农村社会风险管理机制研究 [J]. 西南财经大学博士学位论文，2009.

很多情况下人的具体能力和素质的提高是通过社会资本的效应而得以实现的，从而将潜能转化为实际有效的人力资本，产生巨大的经济价值。

社会资本概念强调在个体行动基础上形成的价值观、互惠网络、信任等文化因素，通过减少不利风险冲击从而对家庭和社会良性运行和发展起重要作用。个体人力资本通过教育、培训以及经验而形成知识和技能，这些知识和技能能否充分发挥受到社会资本的制约和影响。社会资本创造人力资本产生和提升所必需的场域，实现信息的传递和情感的交流，获得各种可能的社会支持和发展资源，限制机会主义行为的产生。经由社会资本的帮助，个体的知识和技能得到了提高和优化，使人力资本成为社会资本应用的后续形态即总体人力资本①。

（二）社会资本对反贫困有重要作用

对于社会资本与贫困问题相关性分析，一部分学者从经济学的角度将社会资本看作是一种能带来价值增值的社会网络资源，并认为通过改善贫困者的社会网络资源状况有助于缓解贫困；另一部分学者主要从"社会排斥"的角度探讨社会结构，认为不同群体拥有的社会资本也各不相同，这种意义上的社会资本会造成社会地位（阶层）的固化，从而不利于贫困者摆脱其贫困地位②。第三章的牧民脆弱性分析结果也表明，拥有较多社会资本的牧民家庭相对于拥有较少社会资本的家庭具有更高的"反脆弱性"，即具有较高社会资本存量的家庭拥有更高的抗打击和发展能力。

通常贫困就意味着更少的社会资本。因此，通过提高贫困牧民社会资本存量，增强其"反脆弱性"来缓解贫困，提升其自我发展能力。

二、牧区社会资本现状——以内蒙古为例

内蒙古在社会转型过程中存在着大量的"社会资本赤字"。

---

① 项保华，刘丽珍. 社会资本与人力资本的互动机制研究［J］. 科学管理研究，2007（3）.
② 姚毅. 社会资本视角下贫困问题研究的文献综述［J］. 甘肃农业，2011（10）.

（一）在我国令人叹为观止的经济增长背后，是历史上最大规模的人口流动

截至 2013 年，约有 2.69 亿农民进城当了农民工，给城市提供了廉价劳动力，支撑着城市的发展。牧区青壮年大量外出打工导致牧区家庭社会资本弱化。受访者中 64.6% 的人报告他们村（嘎查）有大量青壮年劳动力转出现象，如表 4-8 所示。大量劳动力在离开牧区进城打工后，亲子间的互动关系减弱，家庭社会资本的养老等功能也随之弱化。

表 4-8 村里有没有大量青壮年劳动力转出的现象

村里有没有大量青壮年劳动力转出的现象	频次（户）	百分比（%）
有	653	64.6
没有	358	35.4
合计	1011	100.0

随着旧有的家庭观念衰落，牧区社会资本不断受到侵蚀。如今，技术进步日新月异，商品货币关系愈益发达。如果说技术进步使人们减少了对身边小社会的客观需求，而货币崇拜则在主观上降低了人们对社会的重视和尊重。宗法社会是大家族对抗一切"扰动"的天然组织形式。工业化之后世界在扁平化，社会在原子化，大家庭解体，传统互助随之衰落。

当社会的发展与技术的进步使人们越来越社会化时，"社会"在人们的日常感知中反而越来越抽象化。传统牧区出入相友、守望相助传统正在流失。因此，若要减缓社会冷漠，需要从"原子化"的个体做起，需要每个社会"原子"都能够为社会增加点滴的温情、热情乃至"多情"，如表 4-9 所示。

表 4-9 村里的婚丧嫁娶是否帮忙

村里的婚丧嫁娶是否帮忙	频次（户）	百分比（%）
不愿意帮忙	20	2.0
帮忙少了	110	10.9
主动帮忙	694	68.6
积极帮忙	187	18.5
合计	1011	100.0

（二）人民公社制度的解体导致牧区基层组织弱化

脱离集体的牧民，获得了行动自由的广阔空间，但也失去了集体组织的保护。集体保护的丧失，使得牧民不仅在面对市场时是脆弱的，而且在面对各种风险的时候也是脆弱的。在牧区组织层面，牧民已成为几乎没有任何组织依托的个体，他们既没有传统社会中的社会组织（如家族、宗族）可以利用，也没有形成现代意义上的自治社团，成为一个最为脆弱的社会群体①。

（三）牧区社会失范现象快速增加

牧区基础设施建设比城市落后很多自不必多言，就是同内地农村相比也有较大差距，尤其是文化娱乐设施建设落后。加上经济文化发展的低水平导致牧民精神生活的极度贫乏。于是，有相当一部分人沉迷于赌博。在贫困牧区，有不少人喜欢喝烈性白酒。一些牧民酗酒成性，自然会影响日常劳作和为生计奔波的心情，使得家庭生活陷入困境。贫乏的文化生活经常会伴随着思想麻木、心理惰性、风险意识缺乏、进取精神薄弱等缺陷，使人陷入自我发展的困境。

社会资本具有积极的自助保障功能，而牧区社会资本却呈下降趋势。借鉴发达国家的经验并结合我国牧区的实际，通过促进牧区社会资本创造，提升牧民自我发展能力。

第五节　金融机构等市场力量在扶贫领域的作用及问题

世界银行扶贫协商小组（CGAP）认为，微型金融是指对低收入人口提供的小额金融服务。微型金融是一个非常宽泛的概念，其不仅包括小额贷款，还包括

---

① 哈斯其其格．中国转型期农村社会风险管理机制研究［M］．成都：西南财经大学出版社，2010.

向贫困人口提供的存款、保险及汇兑等金融服务①。

一、微型金融反贫困作用

（一）微型金融反贫困的路径分析

联合国开发计划署在宣传和推广微型金融以及普惠金融体系时指出，微型金融业务的发展有助于提高人们，特别是那些贫困人口的生活水平。然而，在传统的金融体系中，获得金融服务的权利往往是不平等的。传统观点认为穷人是不可以借钱的，是没有信誉的，是还不起钱的。因为贫穷，他们被正规金融机构认为无法负担金融服务，从而被拒之门外。这使贫困人口失去了一个能够应对生活中收入波动的重要工具，在面对突发事件时没有了缓冲器，在投资机会降临时只能眼睁睁地看着它溜走，这使得他们更加脆弱，也更加难以摆脱贫困，从而陷入一个贫困的恶性循环。微型金融的出现与发展完全颠覆了传统观念。过去几十年小额信贷和微型金融的经验已经证明了穷人是有能力负担和消费金融服务的，并且能够利用金融服务提高生活水平、降低贫困程度。

多数经济学家都认同，贫困的根本原因是市场失灵和金融市场的不完善阻止了贫困人群的借贷。突如其来的紧急状况、经营风险，或者诸如自然灾害和疾病等一系列事件足以使一个家庭陷入贫困，微型金融也可以扮演缓冲器的角色。概括来讲，微型金融的服务主要在以下几个方面实现其稳定和增加贫困人群收入的正面效应。

1. 减少贫困人口的金融信贷约束

由于缺少必要的抵押品和担保，每笔业务需求的数额小，而且收入受外部冲击的影响大，如经济周期或自然灾害，贫困人群的金融需求往往被以追求利润为首要目标的正规金融排除在外。而微型金融机构通过小组贷款和动态激励两大机

---

① 谭帅. 微型金融发展历史综述［J］. 山东经济战略研究，2011（7）.

制的设置，能够很好解决贫困人群缺乏合规的抵押品和担保所带来的风险，从而能够增加贫困人口的贷款机会。

2. 促进贫困人口进行投资和生产

微型金融机构通过提供贷款可以帮助贫困人群积累起各种资产，如实物资产和生产资产（设备、车辆、住房和牲畜）、金融资产、人力资本（教育与医疗）以及社会资产等。不仅如此，当意外发生时，微型金融机构如果能为贫困人口发放贷款，就能帮助他们渡过难关而不用去贱卖家产，使他们可以重新添置在自然灾害中损失的生产性资产。因此，微型金融机构的贷款服务能够帮助贫困人群积累和保存资产，增加贫困人口的购买力，使其有能力克服当前经济状况的束缚，从而能够以更有效率的方式从事生产经营活动。

3. 提高贫困人口的生产能力

微型金融的这一效应表现在两个方面：一方面，通过微型金融机构提供的相关培训，使贫困人群了解了一定的金融知识，从而增强他们参与社会活动和经济活动的信心；另一方面，很多微型金融机构在提供小额信贷、小额保险服务的过程中，还对低收入人群提供额外价值（服务），诸如疾病预防、教育培训或农作物耕作技术建议等，提高他们走出贫困、更好生活的各项能力。

4. 降低贫困人群对抗风险的脆弱性

由于贫困人群收入水平低，支付保费的能力有限，往往被主流的商业保险以及正规的社会保障计划排除在外。他们缺乏应有的社会保护，当面临自然灾害、意外伤害等风险时，表现出明显的脆弱性和应对能力的不足。微型金融中的小额保险主要服务于低收入群体，具有保费低、流程简单且针对某些特定风险的特点，对低收入人群来讲是一种容易接受、负担得起、相对有效的风险转移机制。从贫困的内涵分析，贫困不仅反映在收入水平上，也包括面临风险时的脆弱性。在贫困人群中开展小额保险服务，可以提升低收入人群的抗风险能力。

5. 改善教育

许多学者发现，全世界的贫困人口在使用微型金融获得资金流后，做的第一件事基本都是投资于子女的教育。研究表明，那些使用微型金融的家庭，其子女可能更有机会接受学校的教育并且学习时间更长，而且在微型金融的客户家庭中，孩子的辍学率也是相对较低的。通过教育帮助贫困人群获得社会资本，拥有自我发展能力，比直接增加贫困人口收入水平的效果更好。

（二）内蒙古开展金融扶贫的具体措施

根据国务院办公厅印发的《关于创新机制扎实推进农村扶贫开发工作的意见》，内蒙古自治区政府提出，到2017年自治区成立70周年之际，266.6万贫困人口全部脱贫，实现"两不愁，三保障"的目标。鉴于目前积极探索利用市场手段解决扶贫投入不足的问题，结合地区实际，积极创新金融扶贫的形式主要有以下几种[①]：

1. 积极实施金融扶贫富民工程

为了进一步做好扶贫开发，内蒙古自治区党委、政府提出了在57个贫困旗县开展"金融扶贫富民工程"，自治区政府与农行全面合作，2013～2017年每年为省级领导干部联系的38个重点扶贫旗县每个投入1000万元、为其他19个自治区级贫困旗县每个旗县投入500万元扶贫专项资金，5年将合计投入23.75亿元，专户存储在农行，用于对发放农牧户、扶贫龙头企业、专业合作社贷款的风险补偿。这项工程自2013年11月启动，到2014年12月26日，全区已发放金融扶贫贷款62亿元。其中，到户贷款51亿元，农牧民专业合作组织和扶贫龙头企业贷款11亿元，共覆盖415个乡镇4322个行政村，支持93户扶贫龙头企业和10.6万户农牧民发展产业，12.2万贫困群众直接受益。

---

① 张化珍. 对内蒙古创新农村扶贫开发机制实施金融扶贫的几点思考［EB/OL］. 内蒙古发展研究中心，http：//www. nmg. cei. gov. cn/gflt/201409/t20140919_ 84554. htm，2014 – 08 – 19.

2. 不断拓展小额信贷扶贫业务

内蒙古小额信贷扶贫项目从 2008 年开始设点示范，在中国扶贫基金会的全力支持下，首先在通辽库伦设立中和农信小额信贷农户自立服务社，项目以服务贫困农牧户为目标，无须抵押，无须公职人员担保，电话上门服务，不仅提供资金支持，而且提供生产技术、经营管理培训、市场信息等服务。通过 3 年的推广示范，发展十分迅速。截至 2014 年 11 月，全区小额信贷扶贫示范旗县已达到 35 个，发放贷款 35002.3 万元，惠及农户 21122 户，取得了良好的扶贫效果，在实践中已经找到了一条适合内蒙古农村牧区特色、运用专业化及市场化方式解决贫困农牧户贷款难问题的金融扶贫新路子。为了进一步加快小额信贷扶贫工作的步伐，从 2013 年开始将小额信贷扶贫工作列入《内蒙古自治区农村牧区扶贫开发实施方案》，与中国扶贫基金会深度合作，截至 2017 年，实现小额信贷扶贫项目在内蒙古贫困旗县和连片特困地区全部覆盖，让内蒙古所有贫困旗县的低收入群体都能够享受到小额信贷给家庭带来的好处。

3. 互助资金扶贫有序开展

近年来，内蒙古自治区各级扶贫部门严格执行国务院扶贫办、财政部《关于进一步做好贫困村互助资金试点工作的指导意见》文件精神，2011 年至今，陆续印发《关于进一步做好贫困嘎查村互助资金试点工作的实施意见》等，协商组织部共同印发《贫困嘎查村互助资金与基层组织建设相结合》等指导性文件。截至 2013 年底，已在全区 80 个旗县（市、区）中的 1110 多个嘎查村开展了互助资金试点项目工作。资金总规模累计 2.3 亿元，其中：中央财政扶贫资金 2685 万元，自治区财政扶贫资金 18675 万元，农牧户缴纳入社资金及其他资金 2000 多万元，已有 10 万农牧户加入了互助组织。其中：贫困户 6.4 万户，占 64%，组建互助小组 1.3 万多个，累计借款 18 万人次，累计发放借款 5.4 亿元，其中，贫困户借款 3.05 亿元，占总借款的 59.6%，年平均占用费率 8%，累计还款 5.38 亿元，到期还款率达到 98%。借款资金主要用于种、养业等生产性项目。入社农牧户人均增收 400 元以上。

（三）内蒙古金融扶贫工作中存在的问题

内蒙古在金融扶贫方面探索出了一条新的路径，取得了一定成绩，积累了一些经验，然而，这些成绩与自治区政府提出的"两不愁，三保障"的目标，还有一定差距。

1. 扶贫资金发放中存在"目标转换"问题

微型金融不仅仅是通过信贷资金支持解决贫困人口的发展能力不足问题，更重要的是能够提高扶贫的精准度。在调查中发现，金融扶贫贷款在发放过程中，由于金融机构贷款门槛高，需要抵押或担保，审批程序较多，加之受基层组织工作积极性的限制，导致真正的贫困农户一般很难获得利率优惠的金融扶贫贷款。目标转移现象的存在致使急需贷款支持的贫困农牧户得不到贷款，高利率的民间金融在农牧区借贷市场上仍然占据着很大的空间。

2. 金融扶贫富民贷款的可持续性存在隐忧

内蒙古自治区党委、政府提出的与中国农业银行合作的"金融扶贫富民工程"，其实质是一种由政府主导的金融扶贫工作，中国农业银行发放的金融扶贫贷款是一种政策指导性贷款。而这种"政府主导、银行参与、市场化运作"的运作模式，多少都存在着金融机构商业性目标与政策性目标相互冲突的问题，其运行效果不仅取决于基层农业银行的工作积极性和地方基层组织的配合程度，还会受借款人还款意愿的制约。由于金融扶贫富民贷款由政府主导，贷款对象与贷款项目由当地政府筛选推荐，会人为地造成对资金性质的含糊认识，把富民贷款当作财政拨付资金使用，进而影响其还款意愿。金融扶贫富民贷款在实际运作中已经出现赖账与集体抗债情况，个别地区和个别农牧民认为"扶贫贷款"就是政府救济款，还款意愿缺失，金融扶贫富民贷款的可持续性令人担忧。

3. 微型金融扶贫——小额信贷扶贫的作用还没有充分显现出来

针对金融扶贫富民贷款在实施过程中出现的一些问题，一些地方出台指导性贷款政策来"纠偏"。事实证明，此举不仅没有起到弥补市场不足的作用，反而抑制了农村金融体系的健康发展，导致资金使用效率降低和寻租行为的发生。中和农信等社会组织开展的小额信贷专门针对当前农牧区的金融需求设计产品，如专门的农业贷款和牧区贷款。它既是一种非常有效的扶贫到户方式，也是一种金融创新，是一种以市场化手段减少贫困的有效途径。但从内蒙古小额信贷的运行情况看，公益性或半公益性的小额信贷组织资金规模相对较小，经营主体少，金融扶贫服务覆盖面积和覆盖人群有限。赤峰昭乌达妇女可持续发展协会开展的公益性小额信贷只在三个旗县区开展业务，即使是中和农信开展的小额信贷在内蒙古自治区也只覆盖了 35 个贫困旗县。加上由于缺乏有效的政策扶持，小额信贷扶贫的贷款利率相对偏高（赤峰昭乌达妇女可持续发展协会利率 8%，远高于同期银行贷款利率），贫困农牧民贷款成本增加，必然会影响微型金融扶贫的效果。

（四）有关微型金融扶贫组织的政策法规还需要进一步完善

在内蒙古，公益性小额信贷与贫困地区村级发展互助资金，作为农牧区微型金融扶贫的主要形式，对促进贫困地区农牧户脱贫发挥了重要作用。但是微型金融扶贫主体在发展中都面临一些问题，例如半官方组织的小额信贷机构从事信贷业务的合法性受到质疑。内蒙古地区新阶段的产业扶贫工作中，完善和改进贫困地区金融服务仍是主要任务，诸如小额信贷、贫困地区村级发展互助资金等微型金融组织，不仅能够承担金融扶贫的使命，而且也是解决金融服务"最后一公里"的有效途径。所以，如何破解制约农牧区微型金融发展的法规难题，目前显得尤为重要。

（五）满足微型金融扶贫需要的金融产品比较单一

事实证明，低收入人群在对抗风险方面脆弱性明显，对抗风险能力不足，这也是导致他们贫困的原因之一。在内蒙古农牧区，不仅微型金融中的信贷服务不足，还缺失符合农牧民需求的保险产品。微型金融扶贫的产品比较单一。

在内蒙古农牧区从事微型金融业务的既有农村信用社、农村商业银行、中国邮政储蓄银行等传统正规的金融机构，也包括新型农村金融机构小额贷款公司、村镇银行与农村资金互助社等。诸如农村信用社、中国邮政储蓄银行等微型金融机构根植于农牧区，分支机构在农牧区设置较广，从理论上讲具有开展微型金融业务的先天优势。但从运行情况分析，不仅政府扶贫部门没有与这些微型金融机构开展有效的金融合作，发挥其在金融扶贫方面的优势，而且这些机构自身所开展的金融业务"离农脱农"倾向明显。特别是村镇银行、小额贷款公司等新型农村微型金融机构基本都设立在县城或市区，金融产品与金融服务单一，客户目标定位与服务农牧区的政策初衷背离。

二、内蒙古保险扶贫现状及存在问题

从上一节对微型金融的定义看，它为低收入人群和微型企业提供包括贷款、保险、储蓄等在内的一系列金融服务，不仅限于小额信贷，还包括小额保险或者是适合低收入人群的保险产品。保险业是以风险为经营对象的行业，也是金融扶贫的重要力量，如何更好发挥保险业的风险管理独特功能，参与国家扶贫大战略，在理论上仍是一个值得探究的问题，亦具有重要的实践意义。

（一）保险业助推扶贫攻坚大有可为

正因为风险无处不在，所以每个人、企业、政府都必须对付它。由于事先设计的不同，风险管理达到的效果也有好有坏。保险是转移风险和分散风险的工具，在经济、社会以及国家治理中的地位越来越重要。

1. 商业保险在社会风险管理补偿体系中的特殊作用[①]

保险是市场化的风险管理工具，基于对价，当个人或组织发生损失时，可以从保险组织处获得经济补偿。保险组织通过承保足够数量的相同性质的风险，以使被保险人的损失求偿得以事先估测，根据大数法则，被保险人的相对数量越多，保险人损失估计越准确。商业保险与社会保险相比，在内容和特征上有很多

---

① 哈斯其其格. 中国转型期农村社会风险管理机制研究［D］. 西南财经大学博士学位论文，2009.

不同，并且它们的目标也不相同。商业保险具有自愿性，个人和家庭可以根据自身的风险状况和特殊需要进行选择；商业保险可以提供更充分的保障；商业保险强调个人的权益性，保障内容更丰富；商业保险产品更多元化，许多保险产品都兼具储蓄、投资的功能；商业保险具有竞争性，能同时满足个人、家庭不同风险管理目标要求；商业保险公司在风险管理方面具有更高的专业水平。

但对于牧民的风险管理而言，商业保险也有不足的地方，主要表现在：商业保险遵循市场原则等价交换，产品的价格相对较高；而越是贫困的家庭，面临的收入风险也越大，商业保险显然无法解决这个矛盾；商业保险是自愿性质的，这就对个人和家庭的风险意识、保险意识提出了较高的要求，而即使是在购买了商业保险的人中，真正具备相关保险知识的人也不多，这就导致了在投保、索赔过程中出现不必要的纠纷和误会，影响保险工具发挥风险管理的效果；保险公司追求商业利润，这点与个人、家庭收入风险的社会性之间存在着矛盾。由于管理成本高，农牧民参加商业保险计划会比较昂贵。

根据商业保险上述特征，我们认为商业保险在农村社会风险管理补偿体系中可以作为一种补充形式予以发展。因此，小额保险可以为广大牧民提供多层次、多险种的保险保障，是提高他们的生活质量、建设和谐社会的重要举措，是对广大牧民走向富裕、提高"反脆弱性"的有力保障。加快小额保险发展，完善牧区社会风险补偿体系，是全面建成小康社会的重要内容。大力促进牧区小额保险市场的培育和发展，为保险业参与扶贫治理提供了重要契机。

2. 保险业在扶贫方面的体制机制优势

保险业在扶贫方面具有特有的体制机制优势，同时保险业也是农村金融的基石和前提，保险机制与扶贫可以在经济补偿、信用增信、直接投资等方面进行对接，保险的优势主要体现在以下三方面[1]：

一是优化扶贫资源配置。通过保险的大数法则和风险分散原理，可以放大扶

---

① 陈文辉. 完善精准扶贫保险支持保障措施［EB/OL］. 和讯保险，http：//insurance. hexun. com/2016 - 04 - 20/183423955. html，2016 - 04 - 20.

贫资金的使用效应，在全国范围内优化扶贫开发资源配置。

二是推进精准扶贫，通过保险的市场化运作和第三方管理，提高扶贫资源的科学性和精准性，推进精准扶贫。

三是拓宽金融扶贫领域，可以发挥增信功能、支持信贷扶贫，而保险资金可以支持民生脱贫、缓解农村金融抑制，促进农村金融深化。

（二）内蒙古保险扶贫现状及问题——以锡林郭勒盟农业保险为例

在我国，农业保险在性质上属于有国家补贴的商业保险。农业保险实行政府引导、政策支持、市场运作、自主自愿和协同推进的原则。为了推动保险扶贫，我国自 2004 年开启农业保险试点，2012 年颁布了《农业保险条例》，该法为农业保险的规范发展提供了有力支撑，目前在农牧区开展的"三农保险"方面，农业保险的发展较为充分。

1. 农业保险的开展现状

锡林郭勒盟（以下简称"锡盟"）土地面积 20.3 万平方千米，耕地面积 207.19 公顷。全盟辖 9 旗 2 市 1 县和 3 个自治区级绿色产业开发区，总人口 100.6 万人，其中蒙古族人口占 30%，人口密度仅 4.95 人/平方千米。2013 年锡盟播种粮食作物 307.86 万亩，其中播种马铃薯 100 万亩、油料 32.6 万亩、小麦 82.9 万亩、玉米 64.5 万亩。2013 年，锡盟大牲畜和羊存栏达 629.8 万头（只），比上年同期减少 5.3 万头（只），下降 0.8%。其中：牛存栏达 84.5 万头，同比增加 3.9 万头，增长 4.8%；羊存栏 534.8 万只，同比减少 9.5 万只，下降 1.7%；生猪存栏 5.2 万口，同比减少 0.5 万口，下降 8.9%。该地区由于生态环境脆弱、自然灾害频发、产业发展难度大，农牧民增收面临较大的不确定性。

（1）农业保险覆盖情况。锡盟政策性种植业保险业务已实现 12 个旗县（市）级全覆盖，村级覆盖率已达到 95%，承保产品种植业主要为小麦、玉米、马铃薯、油料作物；养殖业为奶牛。2013 年种植业承保 307.65 万亩，保费收入 5811.45 万元，直接受益农户 59015 户，承担社会风险 41537.32 万元。养殖业保险业务呈上升趋势，承保奶牛 9037 头，较上年增加 900 头，保费收入 427.38 万元，承担社会风险 563.4 万元。承保政策性森林保险 1191.44 万亩，保费 2753.82 万元，承担社会风险 68.85 亿元。2013 年 9 月末，锡盟辖内各旗县（市）农业保险收入分布情况如表 4－10 所示。

表 4－10　锡林郭勒盟各旗县（市）农业保险收入分布情况　单位：万元

序号	机构名称	2012 年 9 月	2013 年 9 月
1	锡市	630.27	697.36
2	二连	52.37	21.50
3	西乌	57.60	438.46
4	太旗	2576.7	2767.7
5	多伦	1630.04	1904.26
6	白旗	409.3	555.9
7	蓝旗	446.46	1104.45
8	阿旗	—	184.4
9	东苏	—	254.5
10	黄旗	—	163.8
11	东乌	599.53	778.72
12	西苏	—	157.1
	合计	6402.27	9028.2

（2）保险金额、保险费率及保费补贴比例执行情况。2013 年，锡林郭勒盟马铃薯每亩保险金额 400 元、旱地玉米和旱地小麦每亩保险金额 220 元、油菜籽每亩保险金额 170 元。保险费率：马铃薯为 6%、玉米为 9%、小麦为 7%、油料为 7.5%。养殖业保险补贴险种的保险金额参照投保个体的生理价值（包括购买价格和饲养成本）确定。其中奶牛按不同品种、年龄、产奶量和市场价格差异，区别投保，每头奶牛保险金额分为 4000 元／头、5000 元／头和 6000 元／头三个档次，具体由奶牛养殖户和保险经办机构协商确定，但保险金额不得超过该品种奶牛市场价格的 70%。奶牛保险的保险费率为 8%。

（3）农业保险的经营模式。根据《农业保险条例》对农业保险的定位，目前内蒙古农业保险主要是由保险公司具体承办。保费的出资方式是"各级政府补贴＋农户自筹"，具体包括：种植业保费中央财政补贴占 40%、自治区财政补贴占

40%、盟级财政补贴占6%、旗县级财政补贴占4%、农户自筹占10%;养殖业保费中央财政占50%、自治区财政占25%、盟市占6%、旗县占4%、农户占15%。

2. 锡林郭勒盟农业保险取得成绩及问题

(1)农业保险业务逐年增长。农业保险为稳定农牧民收入、恢复农牧业再生产做出了积极贡献。农业保险业务自2007年开展以来,开始农民参保的积极性不高,后来通过农牧业局和经营农业保险的保险公司大力宣传和积极培训,增强了农民的参保意识,农业保险业务逐年增长。随着锡林郭勒盟农业保险覆盖面逐渐扩大,以及赔付率的不断提高,农业保险对减少锡林郭勒地区的旱灾、大风、冰雹和牲畜疫病等损失的功能作用不断显现,商业保险对人民财产的保驾护航的作用日益得到牧民的认同。2012年赔付金额3420.27万元,赔付率100%。

课题组在调研中发现,包括锡林郭勒盟牧民在内的多数牧民参加政策性农牧业保险,占受访者的59%(见表4-11)。对467户牧民进行的调查中,有69.4%的受访者表示有政策性农业保险索赔经历,表明农业保险的支农、惠农作用逐渐被广大农牧民认识和承认,如表4-12所示。

表4-11 政策性农牧业保险

农牧业政策性保险	频次(户)	百分比(%)
参加	596	59.0
没参加	353	34.9
不知道有保险	62	6.1
合计	1011	100.0

表4-12 政策性农牧业保险索赔

有无政策性保险索赔经历	频次(户)	百分比(%)
有	324	69.4
没有	143	30.6
合计	467	100.0

2015 年，保险公司改进了农业保险条款，并简化投保和理赔工作流程，方便了农牧民，进一步体现出农业保险支农惠农的积极作用，让广大农牧户受益。

（2）农业保险组织体系不健全，保险公司参与积极性不高。2013 年在锡盟开展业务的 16 家保险公司中经营农业保险业务的只有两家——人保和中华联合，分别占市场份额的 62.89% 和 37.11%。太平洋财产保险在 2012 年有少量保险业务。农业保险经营主体少，说明该业务对保险公司没有吸引力。从保险消费者——农牧民角度分析，机构少不能够充分满足农牧民农业保险需求。目前开办险种数量少，种类不全。分支机构少，一定程度上也会抑制保险覆盖面的扩大。

（3）缺乏保险与扶贫相结合的新型机制。农业保险使锡盟广大农牧民受益。但是，对于广大农牧民和低收入群体来说，农业保险作为农业风险管理的重要手段和工具，只能解决人们日常所面临风险源的一部分，而另外一部分重要的风险源则是来自死亡、意外伤害、疾病等方面的人身风险。在农牧区还需要提供各种商业人身保险来满足农牧民转嫁生命周期各种风险冲击和波动需求。小额保险的存在目的是降低各种自然灾害、意外事件对低收入者人身、财产安全带来的损害，构建更为合理的风险保障制度。小额保险的存在既可以帮助农牧民抵御自然灾害对农牧业生产的侵害，又可以维护农牧民生命、财产的安全，对商业保险市场的开拓意义重大。

随着我国经济社会发展变化，保险服务业在社会风险管理中的作用日益显著。我国保险服务业积极推进市场化改革，改善保险有效供给，满足社会多元化的保险需求。探索保险扶贫模式和机制的创新，通过创新机制和模式解决上述问题，实现商业保险的精准扶贫，是摆在业界和理论界的重要议题。

第五章　内蒙古牧区社会风险管理框架与政策建议

　　精准扶贫是扶贫攻坚进入新的历史阶段后的重大战略性调整，实施精准扶贫战略首先要求改变扶贫工作自上而下和行政推动的传统定式，通过精准识别扶贫对象、精准制定扶贫措施等路径选择，实现对传统扶贫模式的功能性改造。在构建牧区扶贫战略时，需要结合我国牧区的特殊性，继续完善先行社会保障制度，同时要拓展社会保障制度设计的政策思路，建立起由"公助——社会保障""自助——小额保险、微型金融""共助——社区、合作组织"组成的多层次社会风险管理框架①，形成自上而下和自下而上相结合的，以政府社会保障制度为核心，多种社会力量有效整合的"反脆弱"的牧区扶贫政策框架。

第一节　健全牧区综合型社会救助制度体系

　　社会救助在民生保障体系中具有兜底作用。因此，无论社会保险项目如何发展完善，都不可能代替社会救助在社会保障制度中的基础性作用。建议以"城乡统一"行为取向作为社会救助实际工作的价值标准②，只有健全牧区综合型社会救助制度，通过社会救助政策兜底保障，才能使牧区贫困人口稳定脱贫。

---

① 哈斯其其格．中国转型期农村社会风险管理机制研究［M］．成都：西南财经大学出版社，2010．
② 哈斯其其格．构建内蒙古农村牧区社会保障创新体系的几点思考［J］．内蒙古财经学院学报，2011（1）．

一、当前社会救助减贫效果有限及其原因[①]

2006 年，内蒙古正式建立农村牧区最低生活保障制度，经过十多年的建设，社会救助工作取得显著成效。经分析发现，当前牧区社会救助减贫效果有限的原因在于社会救助制度设计中缺乏发展的内涵。当前的制度安排尽管保障了接受救济者的最低生活，却不利于该群体依靠自身的能力，从根本上摆脱贫困，走向发展。具体包括以下几点：

（一）救助方式落后

社会救助是在公民不能维持最低限度生活标准时才发挥作用的制度安排，其目的是保障接受救济者的基本生活，这种事后补偿机制是一种被动式的、消极的社会救助[②]，而非事前的、预防性的社会保护。经梳理社会救助制度发展历程发现，我国社会救助制度是为了应对突发社会问题而建立的应急性制度。诚然，当前社会救助的对象是那些最需要国家和社会给予物质帮助的贫困群体，他们若是离开社会救助，部分成员便无法维持最低限度的生活。但是，当前的应急型社会救助政策忽视了包括发展在内的"潜在能力"建设等维度，它缺乏预防贫困的长期战略思考，也是不争的事实。

值得注意的是，社会救助由事后干预向事前预防转变不是轻而易举的事情，它是一项系统工程，同社会保障制度的其他项目设计息息相关。比如，应逐步完善牧区社会保险制度，同时增加牧民资产，进而提高他们的抗风险能力和发展能力。

（二）救助标准和水平较低，且存在城乡差异

社会救助作为兜底保障，无论是在俾斯麦模式还是在贝弗里奇模式中，其救

---

　　①② 哈斯其其格. 中国转型期农村社会风险管理机制研究［M］. 成都：西南财经大学出版社，2010.

助标准皆为保障救助对象的基本生活需要。当然，不同国家或者国际组织的标准会有所差别。例如，国际劳工组织认为，倘若一个家庭或者个人的收入低于制造业工人平均工资的30%，就应当享有社会救助；而欧盟则认为，倘若一位成年公民的可支配收入不足社会平均收入水平的50%，就应当属于被救助对象。然而，对比我国的社会救助标准可以发现，我国社会救助保障水平不高①，仅限于最低生存保障，往往难以满足受助者的基本生活需要。在2007~2014年，尽管我国城乡低保标准不断提高，还是连最低收入户的人均衣食住消费支出都无法满足或者勉强满足，城镇低保标准仅能满足城镇最低收入户95%左右的人均衣食住消费支出，对于广大农村牧区而言，这一比重可能更低，农村低保标准仅能满足最低收入户79%左右的人均衣食住消费支出②。2013年，内蒙古农村牧区低保保障标准和补助水平分别达到年人均2962元和月人均181元。

未来应对牧区贫困人口提供有针对性的帮助，社会救助制度设计应着眼于发展，不仅要为边缘贫困人口提供帮助，还要增强他们抗风险的能力，提升低收入牧民自我发展能力。

（三）社会救助方式单一，未能满足多样化需求

现代救助理念是摒弃单向度的救助方式，发展多元化救助方式体系。当前我国多数地方的救助政策采取"一刀切"模式，没有细分社会救助对象，缺乏明确的目的性和针对性，未能满足救助对象多样化、多层次的需求。制度设计中缺乏发展的维度，根本没有考虑到受助对象的主观能动性。救助对象是多元化的，因不同的年龄、身体状况、家庭特点、居住的社区，其风险和需求也不同。这就要求救助内容和方式必须根据这些不同风险和需求进行设计才能取得良好效果。

（四）救助项目间缺乏有效衔接③

近年来，社会救助项目日益增多，陆续开展了农村牧区医疗救助、教育救

---

　　①②　谢勇才，丁建定．从生存型救助到发展型救助：我国社会救助制度的发展困境与完善路径［J］．中国软科学，2015（11）．
　　③　马静．农村社会救助制度改革的顶层设计［J］．学术月刊，2013（4）．

助、司法救助等专项救助项目，贫困农牧民的基本生存权得到了保障。但各个救助项目之间缺乏协调，制度之间缺乏有效衔接。

这一制度作为一项民生兜底的制度安排，在编密网、托底线方面仍然存在着明显的问题，建立健全社会救助体系仍然面临许多困难和挑战。由于社会救助体系还处于定型、优化和升级发展阶段，各个项目受不同的部门管理，项目之间没有统一的综合安排，难以形成综合效益。当前大多数地方的救助政策采取"一刀切"或平均发放救助金的方式，普遍缺乏明确的目的性和针对性，且救助项目间缺乏有效衔接。牧区社会救助尚没有形成一个有机的制度体系。社会救助与扶贫开发政策应该相互衔接，使牧区贫困人口稳定脱贫。

二、健全牧区综合型社会救助制度，充分发挥托底作用

全面建成小康社会，社会救助需要定型、升级和优化。编织好一张覆盖全民的基本民生安全保障网，社会救助需要发挥强有力的托底作用。

（一）应该更加强调社会救助的人力资本投资的积极意义，推动社会救助的人力资本投资转向

转变观念，树立以人为本的指导思想，确定更加积极的社会救助制度目标。社会救助在当代牧区民生保障体系中有着重要意义。社会救助的人力资本投资的积极意义无论怎么强调都不过分。长期以来，我国社会救助都是一种自上而下的，忽视了受助者主体地位和主观能动性的机制，例如救助忽视了对受助者的能力培养服务。其实，人力资本投资不仅要靠普通的教育培训，还应该重点开发包括贫困者在内的一些特殊人群。美国经济学家、人力资本投资理论倡导者舒尔茨强调"旨在提高人口质量的投资能够极大地有助于经济繁荣和增加穷人的福利"。

假设一个家庭因为市场收入或社会福利收入转移不足，达不到基本生活所需的标准而需要帮助，再分配机制是否发挥作用完全取决于社会救助体系，因为这时其他所有的潜在收入来源已枯竭。因此，牧区最低生活保障必须作为工作重心来抓。农村牧区居民最低生活保障制度是构建中国农村综合救助制度的重中之

重。我们期望当任何个人或家庭在收入低于最低收入水平时，都能享受到最低收入保障。一旦初次收入分配和社会保险不能保障人们基本生活的收入水平时，最低收入保障制度就应发挥作用。然而，我国牧区的持久贫困说明这张安全网并没有为所有人口提供最低收入保障，目前牧区最低生活保障制度只是针对牧区绝对贫困人口，相当多的牧区人口仍然生活在贫困线边缘，他们并未被这张安全网所覆盖。牧区贫困问题之所以一直以来都未能得到有效解决，部分原因在于最低生活保障制度的覆盖面有限。我国当前的最低生活保障制度是建立在应急型的传统救济制度的基础上。

（二）解决救助手段单一情况

构建综合型社会救助制度，以五保户制度和低保制度为核心、专项救助为基础、特殊救助为补充，而各项制度内容的完善在于尽可能涵盖农村牧区贫困人口基本生活需求[①]。新的综合型社会救助体系包括农牧区生活救助制度、专项救助制度、特殊救助制度的内容整合及项目完善，尤其教育救助是重中之重。我们在牧区调研时发现，当前贫困代际传递的趋势较明显。而牧区贫困代际传递问题的产生，是诸多复杂因素共同作用的结果，"防止贫困代际传递"应成为牧区反贫困战略调整中的新动向。要更加注重对牧区贫困家庭子女的扶助，进一步完善寄宿学习、免费职业教育等，改善其成长环境，防止贫困代际传递，全面提高教育服务贫困地区和贫困家庭脱贫解困的能力。

（三）充分发挥社会力量在社会安全网建设中的作用

农村牧区社会救助投入仍显不足是不争的事实。政府对贫困问题的治理必须通过整合和动员社会资源来实现。过去，社会救助工作基本上属于政府的行为，存在缺少其他主体支持，筹资渠道过于单一，社会救助资金严重不足等问题。新时代，城乡综合型救助体系的构建不是主管城乡居民最低生活保障制度的民政部门单方的责任，同样也不是民政部门单方所能完成的。一个健全和完善的城乡社

---

①　丁建定等. 社会保障制度体系完善研究［M］. 北京：人民出版社，2013.

会救助体系的构建需要政府相关部门从政策法规、资金、人力等多方面进行协调合作。只有这样，才可能保证城市社会救助体系的内耗减少，最大限度地为被救助对象提供救助资源①。近年来，锡林郭勒盟探索运用市场化机制，创造性地将商业保险引入医疗救助体系，推行针对低保困难群众的医疗救助补充保险试点，2014 年覆盖低保困难人群 86312 人，形成了"社会基本医疗保险 + 城乡居民大病保险 + 医疗救助补充保险 + 社会爱心救助"的四重医疗救助机制。医疗救助补充保险的引入，为完善困难群众多层次医疗保障体系建设进行了有益探索。

另外，由于国家财力有限，难以全部负担广大城乡贫困人口，因此在资金来源上应鼓励多主体共同负担。2016 年 3 月出台的《慈善法》鼓励和支持自然人、法人和其他社会主体践行社会主义核心价值观，弘扬中华民族传统美德，依法开展慈善活动。将社会资源更多地调动起来，市场力量与社会力量可以成为壮大整个社会救助制度物质基础的重要力量。

（四）规范牧区社会救助的管理体制

长期以来，中国社会保障体系的构成既有碎片化，亦有叠加，缺乏整合，表现为各保障项目的目标分割，部门和政策的分割。结果，不仅各保障项目难以实现功能的互补和有机结合，而且政出多门且缺乏协调，各类政策有的因相互叠加而失效，有的因为未覆盖而出现政策死角，有的因相互冲突或衔接不力而产生矛盾。因此，需要对现有的社会保障项目和政策进行整合。从现实的情况来看，一体化的城乡贫困救助体系形成合力的前提是各保障项目在目标和政策上的整合，其运行的基础则是健全的社区网络体系。如何利用社区资源，帮助贫困人口脱贫，进而走上自助发展道路，是影响综合型救助制度设计的重要因素②。

健全牧区综合型救助制度，实现社会救助与扶贫开发政策有效衔接。各盟市应加快信息化建设，实现最低生活保障、特困人员救助供养信息系统和建档立卡贫困人口信息管理系统无缝对接，在旗县层面实现农村牧区低保对象、特困人员与建档立卡贫困人口台账数据互联互通、资源共享、实时监测，进一步完善管理

---

①② 哈斯其其格. 转型期农村社会风险管理机制研究［M］. 成都：西南财经大学出版社，2010.

和服务。

第二节 完善牧区社会保险制度与资产建设

改革开放以来，社会保障正以超乎寻常的速度与规模在发展。2012 年，中国建立了普遍性养老保险制度，所有老年人都能按月领取一笔数额不等的养老金，现在领取养老金的人数约 2.5 亿人；建立了覆盖 13 亿多人口的全民医疗保险制度，并再度发起大规模扶贫运动，中国政府要在 2020 年前消灭区域贫困与绝对贫困人口，让全体人民步入全面小康生活时代。不仅如此，中国的社会保障水平也在持续大幅度提升，城镇职工养老保险金自 2005 年至 2015 年每年增长 10%，2016 年增幅为 6.5%；医保报销水平平均在 70% 以上；其他各项社保待遇也在持续提高之中，中国为扩大世界社会保障覆盖面与提升全球社会保障水平做出了最大贡献。2016 年 11 月 17 日，国际社会保障协会（ISSA）在其第 32 届全球大会期间，将"社会保障杰出成就奖"（2014～2016 年）授予中华人民共和国政府，以表彰中国近年来在扩大社会保障覆盖面工作中取得的卓越成就①。

在中国人口老龄化、快速工业化与城镇化、大规模的人口流动的时代背景下，社会保险制度还面临诸多挑战，突出问题是社会保险制度地区发展失衡，表明中国要真正建成新型社会保障体系还需要持续付出巨大的努力。应尽快促使适合国情的社会保障制度走向成熟、定型，以便为所有人提供稳定的安全预期。

根据前四章的研究提出建议，在我国牧区，基于"基础收入设想"的思路，建立社会保险与资产建设相结合的发展型社会保险制度。因为这一制度的实施可以通过牧民的资产、人力资本积累从而最终达到提高他们发展能力的目的。

---

① 中国政府获"国际社会保障协会社会保障杰出成就奖"［EB/OL］. 中华人民共和国中央人民政府网站，http：//www.gov.cn/xinwen/2016－11/18/content_ 5134315. htm，2016－11－18.

一、牢筑牧区社会安全网，促进民生改善

20 世纪 80 年代末以来，我国社会保障制度建设力度逐年加大，内蒙古各项社会事业稳步推进。目前，基本医疗保险参保率稳定在 95% 以上，城乡居民医保人均政府补助标准提高到 420 元，自治区财政对人口在 6 万人以下的牧业旗县，每人每年增加补助 20 元，人均个人缴费相应增加。城乡居民医保政策范围内住院费用报销比例达到 75% 左右，实际报销比例达到 50% 以上[①]。如果对照党的十九大报告提出的"按照兜底线、织密网、建机制的要求，全面建成覆盖全民、城乡统筹、权责清晰、保障适度、可持续的多层次社会保障体系"要求，内蒙古社会保险制度建设与人民群众对美好生活的期望还有较大差距。

（一）在社会保险项目方面存在城乡差异

社会保障制度通常包括社会保险、社会救助、社会福利和社会优抚等项目。现阶段，我国城乡社会保险项目存在差异，与城镇居民社会保险项目相比，农村牧区居民享有的项目比较少，农村牧区居民目前享有新型农村养老保险和合作医疗保险，但并没有享受生育、失业和工伤等社会保险项目。

（二）农牧区社会保障待遇较低

以社会医疗保险为例，尽管全民医保的目标已经初步实现，但制度分割的局面还未从根本上解决。城镇职工医保、城镇居民医保、农牧区居民医保三种医保制度依然并存，虽然大多数地区已经实现了城乡居民医保制度整合，但筹资与待遇依然存在着差异性，这种差异性的实质是社会保障制度的不公平性。也就是说，牧民与市民所享受的医保待遇不同；城市下岗工人在劳动就业时有许多优惠政策，还可享受低保，而进城打工牧民失去工作的，在就业、择业方面并没有优

---

① 内蒙古自治区人民政府办公厅关于印发自治区深化医药卫生体制改革 2016 年重点工作任务的通知 [EB/OL]. 内蒙古自治区人民政府办公厅，http：//www. nmg. gov. cn/xxgkml/zzqzf/gkml/201606/t20160608_554110. html，2016 – 06 – 07.

惠措施。另外，对于新农保制度实施时已年满 60 周岁的居民能否缴费以及能否享受基本养老保险待遇的规定，城乡有别，对农牧区居民来说有失公平。因此，社会保险制度必须加快制度整合的步伐。

（三）社会保险制度由政府主导，市场与社会力量调动依然不足

党的十九大报告中重申了中国政府确保到 2020 年我国现行标准下农村贫困人口实现脱贫，贫困县全部摘帽。当前，农村牧区的新型社会养老保险与新农合尽管参与人数逐年增加，但短期内达不到全面普及的程度。从免费医疗走向医疗社会保险是传统医疗制度改革的必然去向，但政府主导的医保又不可能满足所有人的疾病医疗与健康保障需求，构建多层医疗保健体系是必由之路。当前的医疗保障体系中只有政府主导的社会医疗保险，随着老龄人口的迅速扩大以及人民对美好生活的向往，各级政府的财政压力将持续提高。借助市场化手段分散民众的生命周期各种风险，如大力发展商业健康保险，改变目前保险公司缺乏开拓商业健康保险的积极性与能力的现状，使其除了扮演好社会医疗保险中的大病保险承办者角色这一传统定位以外，还承担更多的社会责任，向收入较高阶层提供通过商业保险获得更加充分的医疗保障服务的机会和选择。大力推进慈善事业发展，充分发挥各种传统的非正式制度在社会稳定方面的重要作用，重视家庭保障、民间互助在社会稳定上所起的基础性作用，发挥和调动民族文化心理、习俗的社会风险自控机制的潜在价值，来探索适合民族地区的保障机制①。

二、牧区"基础收入"设想：社会保险与资产建设相结合

在社会救助、社会养老保险和社会医疗保险领域均存在城乡不平衡和不公现象。健全中国牧区社会安全网，以社会保险为核心，通过"基础收入"设想，引入发展的维度。

---

① 哈斯其其格. 构建内蒙古农村牧区社会保障创新体系的几点思考［J］. 内蒙古财经学院学报，2011（1）.

（一）基础收入设想

基础收入（Basic Income）或基本收入设想是代替社会保障中收入保障的一种方案，"是对所有的人保障最低收入的设想，即对于每个人，不管其是否就业、是否结婚，都补充其基础需求（Basic Needs）的不足，无条件地给予收入补助"。将"社会保障给付中的现金给付部分全部改换成收入补助，其财政来源是按劳动收入比例课税，其他税收也要求取消对各种收入的扣除，这是一种租税等于社会保障政策的设想"[①]。

人们普遍认为社会保险是现代收入维持政策的基石。基础收入论的倡导者们为什么对社会保险制度进行批判并提倡用新方案取代它？一是因为同先行收入维持体系相关的社会保险并不能充分地扶助那些收入低微的人群。我国农村牧区社会保险制度建制至今，发展缓慢的原因是什么？目前的社会保险制度以"三方负担原则"为制度运行基础，而牧民没有雇主，所以缴纳保险费负担相对重。这在一定程度上能够说明我国农村牧区社会保险制度推进缓慢的重要原因。二是因为制度设计对保险金的给付等资格条件附加了极其复杂的限定条件。

"基础收入"设想的"基础"，就是把所有的社会保险项目都整合成基本收入或基本补贴形式，简便易行，不需要考虑生命周期各种需求及风险。政府的主要责任是资金支持和管理，亦即以"基础收入"的方式确保人们的基本生活水平，"基础收入"按"个人账户"的方式进行准市场化的运营。作为其补充，其他项目——如传统的家庭保障则可以继续被提倡和鼓励[②]。

1976年，阿拉斯加的选民投票通过一项宪法修正案，以该州初生的石油热潮带来的财政收入为资金来源，设立一只永久投资基金。几年后，阿拉斯加永久基金（Alaska Permanent Fund）开始向每个注册居民发放分红。

在最近的一次电话调查中，阿拉斯加居民称，这只基金最大的三个好处是同等待遇、公平分配和帮助陷入困境的家庭。尽管当时阿拉斯加因油价下降而受到

① 成濑龙夫. 社会保障与风险管理［J］. 东北财经大学学报，2004（3）.
② 哈斯其其格. 中国转型期农村社会风险管理机制研究［M］. 成都：西南财经大学出版社，2010.

冲击，但约有58%的受访者说，他们甚至准备缴纳更多的州税来保留这只基金。尽管拥有自然资源，但以人均国内生产总值计，阿拉斯加并非美国最富裕的州。然而，部分归功于年度分红机制，阿拉斯加是美国经济最平等、贫困率最低的州。Facebook首席执行官马克·扎克伯格（Mark Zuckerberg）曾访问了阿拉斯加，赞美了该州的社会项目，称它为"美国其他地方提供了一些很好的经验教训"。就像其他硅谷企业家一样，扎克伯格相信，成千上万的工作岗位将会被无人驾驶汽车等新技术摧毁。他说，在这样一个世界里，我们需要发明新的社会契约，基本收入可能是答案的一部分。

德国之声网站报道，芬兰从领取过失业金、低保金的人群中，随机选出2000名25~58岁的"幸运儿"参加这项计划。这些人收到国家社保局的一份通知，今后的24个月里，他们将能每月获得560欧元；这正好是目前芬兰的失业金金额。这项无条件基本收入政策的目的，是要激励失业者去做较低收入的工作。

（二）个人资产账户的建设

众所周知，传统的社会保险制度无论是采用现收现付制，还是基金积累制，都是聚焦于收入的。然而，同样以收入为焦点的新加坡中央公积金（积累制）制度开始建立时，其唯一的目标就是劳动者在劳动年龄阶段与雇主双方向中央公积金供款，积累起一笔资金，到年老退休后，积累的资金便可用作养老之用。

目前，对于新加坡劳动者来说，公积金属于自己的资产项目，可以用于医疗、子女教育以及私人投资。这个变化看似简单，但结果却具有革命性的意义：社会保险的焦点是收入还是资产，反映了不同类型的社会政策观[1]。传统社会保险制度的政策假设是：收入不充足是贫困产生的原因。这样的制度设计保障了人们的基本生活，却无助于使他们变得更强。从新加坡经验来看，从根本上提高穷人的福利，同时推动整个社会进步的策略应该是将社会保险的焦点从收入改变为资产。

资产社会政策聚焦于个人资产建设，通过公共干预的手段努力推动人们尤其

---

① 杨团，孙炳耀. 资产社会政策与中国社会保障体系重构［J］. 江苏社会科学，2005（2）.

是穷人拥有和积累自己的资产。它的政策假设是，收入加资产能使人们过得好些。"拥有资产的人容易在社会上有好的表现，甚至被看作有美德的人；而没有资产的人不容易把事情做好"①。因为"资产具有长期的性质，从金融上联系现在与未来……管理和使用资产的想法会自动造成从长远考虑和计划……所以，资产成了将现在与未来相联系的有形环节"。新加坡的实践也证明，对资产的拥有这个事实本身创造了拥有者个人对自己、对世界的一种新的认知图式。对贫困群体而言，由于缺乏资产，无法进行积累，他们不可能有长期消费和投资规划，结果只能永远在低收入、低消费中恶性循环，这是导致他们长期贫困的根本原因。

美国迈克尔教授非常赞赏新加坡的中央公积金制度，以此为蓝本，概括出了"资产建设"（Asset Building）的社会政策理论，而资产建设理论对我国农村社会保险制度建设具有重要启示。既然刺激资产积累的福利转支最终将是比直接消费福利转支更有力的反贫困措施②，制度化的个人资产建设就成为重要的社会政策。显然，制度化的个人资产建设需要一个制度化的工具，这就是"个人发展账户"。

（三）构建牧民个人资产账户的建议

健全中国牧区社会保险体系，根本问题是跳出城镇社会保险制度改革既定的思维定式。正如我们在上一节的讨论，通过建立城乡一体综合型社会救助制度，为贫困牧民提供兜底保障。在此基础上，针对牧民进行基础收入补贴，使之成为可以进行个人资产积累和投资的个人发展账户。该设想并不需要增加新的保障层次，它只是将常常被割裂开来的养老、疾病、失业等社会保险项目整合为一个整体，以"个人资产账户"的模式运作。

个人资产建设主要是建立个人发展账户。基本途径为：一是政府的配款，按照1∶1或1∶0.5的比例（如牧民出100元，那么政府就出100元或是50元）来建立个人资产。将这200元或是150元以资产的形式记入社会保险对象个人账

---

①② 迈克尔·谢若登. 资产与穷人［M］. 北京：商务印书馆，2005.

户，配款的使用以实现资产积累为目的。二是小额贷款，牧户以个人账户为担保，可获得一笔小额的低息贷款。贷款额度由银行及其政府部门根据具体情况商定。通过政策的方式为牧民提供发展所需资金，使其具备"金融跳板"，为未来生计奠定基础。牧民个人资产制度设计应注意以下几点[①]：

其一，产权要明晰，用于个人发展。20世纪90年代中期以后，我国城镇居民社会养老保险采用"社会统筹"与"个人账户"相结合模式，但该模式中的"个人账户"是公共的而非个人的，因为参保者既要为自己将来的养老做准备，又要为现在的老人的养老做贡献。显然，这样的公共社会保险账户造就的是国家的整体利益而非个人的资产利益。目前针对"统账结合"的养老保险制度可持续问题的讨论中最值得关注的是"个人账户"空账运行问题。拟构建的"个人发展账户"将有别于"统账结合"模式中的"个人账户"。将来建立的牧民"个人发展账户"中的储蓄款项、所有权归个人。但政府限制其用途，只能用于个人或家庭的发展目标，诸如购房、教育、经商、医疗和养老等项目。

其二，多元整合，简便易行。典型的社会保险制度包括养老、医疗、失业、工伤和生育五项保险。现实中社会保险又对各种需求、风险采取了简化处理，在给付方面也作了一些限制性的规定。"基础收入"是以全体牧民为对象，对每个人支付统一的收入补贴，并把所有的社会保险项目都整合成"基本收入"形式。它虽"简约"但不简单。因为这种简约设计能够满足人们不同生命阶段的不同风险管理需求。"个人发展账户"中的款项在不同的生命阶段可以用借贷的形式取出，用于解决不同的问题——比如青年阶段的买（建）房需求，壮年时期的子女教育需求和步入老年后的养老需求。借款以按揭的方式分期还款。

其三，立足长远，促进人的发展。社会保险制度改革发展经历了20多年仍然存在诸多不尽如人意之处。新技术革命对传统产业的冲击与新业态常态化，特别是人工智能、信息技术与互联网的广泛应用，日益深刻地影响着人们的就业方式和日常生活。

社会政策设计思路应该是系统思维，而不能局限于缺陷修补。要以支持和满

---

① 哈斯其其格. 中国转型期农村社会风险管理机制研究［M］. 成都：西南财经大学出版社，2010.

足社会成员的发展需要为出发点。新的时代背景下，以人为本不仅具有目的性价值，而且具有工具性价值，因为一个民族在世界上的竞争能力最终将取决于其社会成员个人能力的有效发挥。美国经济学家舒尔茨认为，人力资本是决定农村剩余劳动力能否转移的决定性因素。人力资本高，牧民从事非农牧业经营的机会多，其报酬也相应高。为此，就要求社会政策将满足社会成员的发展需要作为优先目标，将人的全面发展作为政策的着力点，不仅要在其陷入困境时为他们提供及时的帮助，更重要的是通过预防、社会支持等措施，提升个人的发展能力和发展机会①。

其四，集中资金，综合利用②。"个人发展账户"要发展，并不是把牧民的钱和政府补贴放在一起就可以成为一项可持续的计划。以资产为基础的社会保险方案设计除了通过保护牧民家庭的资产来降低他们的脆弱性，还要确保这些家庭能够有机会使其资产收益最大化，即具备"反脆弱性"。因此，应探索资金增值途径，巩固牧民家庭原有资产并获得新的资产。

新疆呼图壁经验给我们提供了重要的启迪：在设计新的社会保险模式的过程中，新疆维吾尔自治区呼图壁县农村养老保险对受保农户实行"保险证质押贷款"，采取类似"个人发展账户"的方式，县农保资金12年的平均年收益率高达8.14%，超出政府向参保农民承诺的养老金年复利5%的个人账户年计账率和计发率3.14个百分点③。对于个人账户资金来说，这种方式解决了资金保值增值的问题。同时也是一种农村社会养老保障、农村资产建设、农村金融发展多赢的制度安排。

总之，基础收入设想的最大好处在于参保的门槛很低。牧民可以把土地、草场承包权看成是基础收入的来源，那些没有土地、草场承包权的牧民，特别是那些因征地而失去土地承包权的牧民，应当用土地补偿金的一部分参加基础收入账户建设。国家应不设门槛，让各类牧区群体可以根据实际情况参加，以提供足够

---

①② 哈斯其其格. 中国转型期农村社会风险管理机制研究 ［M］. 成都：西南财经大学出版社，2010.

③ 中国农村养老保险证质押贷款研究课题组. 养老保险和农村金融双赢的制度安排——新疆呼图壁县养老保险证质押贷款研究 ［J］. 东岳论丛，2008（4）.

的弹性，其中适应不同人群的需要是设想的立足点。

第三节 发展自愿缴费的小额保险制度

亚当·斯密（Adam Smith）在他的著作《道德情操论》里提出了人际互动二分法这个概念：人是有爱心的，所以在小圈子里可以靠爱心相互帮助；同时人的爱心不够，就需要借助市场的力量让陌生人之间也能够顺利协作。

一、内蒙古小额保险发展的基本情况

小额保险（Micro Insurance）是依据公认的保险原理运营的，由各种不同的市场主体为低收入人群应对风险而提供的保险。小额保险包括公认的保险原理、服务低收入人群和多种主体提供三大要素，具有保费低廉、条款通俗易懂、手续简单等特点。国际小额保险中心在世界 100 个最贫困国家做的调查显示，其中 77 个国家有小额保险①。

与现有的一般商业保险相比，小额保险更专注于保障型业务，产品种类涵盖信贷寿险、健康保险、定期寿险、人身意外伤害保险、储蓄保险、财产保险等领域。小额保险是专门为低收入群体设计的商业保险，是在服务群体、设计理念和销售方式方面实现的"三位一体"的创新。其目的是通过产品、模式和营销渠道的创新，高效率地为低收入人群提供买得起的保障，利用金融杠杆和市场规律使得保险这一特色金融服务普惠所有民众，避免低收入人群因灾、因病返贫。这也与党的十八大所提出的"让市场在资源配置中起决定作用"的精神不谋而合。

（一）小额人身保险

从国际经验看，小额保险主要的产品类型有小额人寿保险、小额意外伤害保

---

① 李杰，赵勇. 普惠金融视角下农村小额保险制度的构建［J］. 金融理论与实践，2012（9）.

险和小额健康保险三大类。对于低收入人群来说，健康风险与家庭主要成员丧失劳动能力的风险高。因此，从世界各国实践看，小额保险也主要集中在这三类上。内蒙古开办的小额人身保险产品也包括这三类。

中国保监会自 2008 年开始试点农村小额保险，试点省份曾经一度达到 24 个省份。农村小额保险业务的开展，在一定程度上满足了农村牧区低收入人群应对特定风险的需要，弥补了农村牧区社会保护的不足。中国人寿因其网点等优势承担了多项试点任务，2012 年，中国人寿所销售的小额保险产品已经覆盖了 3200 万低收入人口，这一数字几乎相当于整个非洲小额保险的承保人数①。内蒙古推进小额人身保险工作助力精准扶贫，保险公司结合民族地区经济文化特点和民俗风情，提供针对低收入农牧民现实需求的意外、伤残、死亡、医疗等风险的保险产品，扩大小额人身保险覆盖面。实践中涌现出一批较为典型的保险扶贫模式。国寿股份化德县支公司和凉城县支公司在地方政府支持下，在农村小额保险销售中开创了"化德模式"和"凉城模式"。"化德模式"是由公司派驻工作人员以乡为单位开展农村小额保险销售。"凉城模式"是甄选各行政村书记或主任为驻村业务员，全面开展农村小额保险销售工作。

目前，内蒙古有中国人寿、人保财险、平安养老、泰康人寿等保险公司开展小额人身保险业务，产品涵盖了农村小额定期寿险、农村小额意外伤害保险、农村小额贷款借款人意外伤害保险等多个领域。其中，小额贷款借款人意外伤害保险属于国际上最常见的小额人身保险产品，保额以贷款额为限，保险利益简单，客户容易理解，且保费非常低廉，是专门为规避小额贷款风险而设立的，有着非常广阔的发展前景。截至 2012 年，全区累计为 100 多万农牧民承担了 350 多亿元的风险保障责任，累计赔付支出 1500 余万元，有效增强了农牧民抵御"三农"风险的能力②。

（二）小额财产保险

内蒙古各保险公司开办的产品包括小额农业保险、小额家庭财产保险、小额

① 姚奕. 小额扶贫大有可为［N］. 中国保险报，2014 - 02 - 26.
② 赵国新，高姗. 内蒙古"三农"风险分析与小额保险发展研究［J］. 内蒙古金融研究，2014（5）.

信用保险和小额责任保险。其中，自治区政策性农业保险业务多属于小额保险范畴，除部分种养大户外，其主要投保人是收入相对较低的农牧民，在获得政府财政补贴后，自己交纳的保费比较低。2014 年，内蒙古农业保险保费收入首次达到了 30.03 亿元，同比增长 7.85%，位居全国第 2。其中，种植业保险为 297.84 万户次承保各类作物、林木 4.75 亿亩，实现签单保费 26.74 亿元，占农业保险的 89%；粮食作物、经济作物等作物承保 0.9 亿亩，全国排名第 4，同比增长 4.69%，实现签单保费 20.21 亿元，占农业保险的 67%。2014 年养殖业保险业务发展也比较快，全年为 5.27 万户次承保各类牲畜 219.19 万头只，大幅增长 76.35%，实现签单保费 3.29 亿元。其中牛承保 67.21 万头，以奶牛为主，同比增长 55.46%；猪承保 118.75 万头。2014 年内蒙古农业保险赔款共支出 14.9 亿元，受益农牧户达 219 万户次①。

小额家庭财产保险、小额信用和保证保险方面，自治区仅有零星产品和业务。小额责任保险方面，除农村机动车交强险外，其他责任险业务尚处于空白阶段②。保险业助推脱贫攻坚工作领导小组全体会议日前在内蒙古召开，会议提出，到 2018 年底，基本建成与内蒙古脱贫攻坚工作任务相匹配的保险服务体系，要构筑以农业保险和大病保险为核心，民生保险为补充的多层次、全险种保险扶贫保障网，实现贫困地区保险服务到村、到户、到人，贫困人口"愿保尽保"，建档立卡贫困户参保覆盖率达到 90% 以上。上述目标是内蒙古贫困农牧民生产生活得到全方位保险保障的重要保证，也是小额保险今后发展的方向。

二、内蒙古小额保险存在问题分析

（一）供给主体单一③

小额保险的构成要素：大数法则等保险原理；服务低收入人群；多种实体提

---

①　内蒙古农业保险年保费收入首度突破 30 亿元［EB/OL］. 凤凰资讯，http：//news. ifeng. com/a/20150206/43119595_ 0. shtml，2015 - 02 - 06.

②　赵国新，高姗. 内蒙古"三农"风险分析与小额保险发展研究［J］. 内蒙古金融研究，2014（5）.

③　李杰，赵勇. 普惠金融视角下农村小额保险制度的构建［J］. 金融理论与实践，2012（9）.

供。国际上小额保险的经营者多种多样，包括小型的社区性组织、互助组织、合作社或商业保险公司，它们可以是营利机构，也可以是非营利机构。但从本质上讲，小额保险是金融服务与社会保护的综合体。在我国目前主要采用商业保险公司的供给模式。保险公司是以盈利为目的的金融企业，小额保险具有商业性和公益性双重特征。但在农村开展小额保险投入成本大，产品附加值低，不可避免地会产生公司的逐利性与小额保险公益性的矛盾。最终可能由于小额保险市场缺乏应有的竞争，供给实体单一，很难实现小额保险的覆盖率和保证小额保险的公益性。

（二）小额保险产品少，未能满足农牧民保障需求

近年来小额保险是在发展中国家受到广泛重视的创新型保险业务。据不完全统计，目前全球已有 350 多种小额保险产品①。随着越来越多的国家快速推进小额保险计划，小额保险产品更加多样化，不同保障范围，不同人群，不同阶段，不同组合的产品应运而生，使低收入者都能找到适合自己的保障产品，以提高抵御风险的能力。从内蒙古自治区小额保险发展情况看，小额财产保险除了农业保险发展尚可以外，其他险种基本处于空白状态。大多产品是传统保险市场上原有产品的缩减或翻版，产品设计并没有完全考虑到农牧民的收入特点、文化传统和现实需求等因素，农村小额保险产品缺乏应有的创新，农村居民的保险需求没有得到真正的满足②。

（三）农牧民对保险的认知程度低

近年来，内蒙古农牧民收入有了显著提高，低收入人群具备一定的小额保险购买能力。但是我们在调研中发现，在自然灾害等灾祸面前，多数人的首选策略还是节衣缩食，降低消费，或动用储蓄，严重情况下变卖牛羊等牲畜、房产。更有甚者，比如拖欠借款、离散家庭、让子女辍学，减少开支以致食不果腹等，进

---

① 林熙，林义. 印度农村小额保险发展经验及启示［J］. 保险研究，2008（2）.
② 李杰，赵勇. 普惠金融视角下农村小额保险制度的构建［J］. 金融理论与实践，2012（9）.

而陷入贫困循环。这些年随着社会保险覆盖面的持续扩大，农牧民对保险有了一定了解，但贫困人口对保险的功能作用还是缺乏认识。一部分人甚至对保险还持有偏见。对收益不能立竿见影或可能不发生赔付的农村小额保险，大多抱有怀疑的态度。保险公司长期以来对农村市场缺乏关注，缺少必要的保险文化培育，保险行业的负面形象在农村牧区并未消除，农牧民的保险意识很难在短期内有根本性的改变①。

三、发展内蒙古小额保险的建议

（一）探索多主体合作的小额保险运作模式

多主体合作模式就是让所有在农牧区的公共组织或团体——比如 NGO、工会、妇联、残联等都成为小额保险市场的重要参与者，这些团体或机构对专业性强的保险业务来说处于技术上的劣势，因此可以让这些机构或团体以小额保险代理人的身份介入小额保险业务。如果能够使这些团体销售的小额保险与其自身的组织目标结合起来，寻求与在产品服务等各个方面最能满足本团体成员要求的保险机构进行合作。例如在第三章分析的赤峰市昭乌达妇女可持续发展协会在发放小额贷款时配合销售小额贷款保证保险，这种合作能够实现客户、保险公司和代理机构的多方共赢局面。

（二）小额保险产品的设计要切合低收入牧民的实际情况

由于贫困牧民收入不稳定且普遍较低，未来可能无力按时交纳续期保费而导致保单失效，如果交费期限较长，许多人可能会到时交不起保费。因此，保险公司要根据不同地区的消费水平和需求特点，根据牧民的实际购买力和缴费习惯，有针对性地开发一些保费低廉、保障适度、方便购买的产品。比如，包括重大疾病、意外伤害、农房在内的一揽子保险保障；开展特色农业保险试点；等等。同

---

① 李杰，赵勇．普惠金融视角下农村小额保险制度的构建［J］．金融理论与实践，2012（9）.

时，根据牧民收入具有季节性和不稳定性，设计的险种缴费期可以灵活多样。

（三）健康有序地发展小额保险，创造好的服务环境

健全、有序的金融环境对小额保险的发展也是非常重要的。牧区小额保险的发展同样依赖于完善的金融基础设施以及相关服务网络，具体包括与小额保险相关的支付结算体系、信用管理服务、培训和咨询服务的技术服务提供者以及行业协会等①。在政府管理部门关注供给方、规范公司经营者的市场交易行为的同时，保护消费者的法律规范也应该及时到位，特别是为了保护像农民这样缺少金融保险教育的群体。相对大型集团公司来说，分散的小客户更需要政府的援助和保护。

第四节　促进内蒙古农牧区微型金融发展对策

发展农牧区微型金融，要在已有的普惠政策基础上，尽快研究制定聚焦深度贫困地区的金融特惠支持政策。要进一步挖掘正面典型，扩大示范带动面，确保各项工作稳步有序推进。

一、积极推动新型农村金融机构在农牧区的设置

小额贷款公司、村镇银行和资金互助社等新型金融机构主要为低收入者、小微企业以及返乡创业的农牧民、大学生提供小额度贷款和其他金融服务。按照微型金融的含义与功能来定义，上述农村新型金融机构也属于农村微型金融机构，是对农村信用社、邮政储蓄银行、农村商业银行等农村金融机构的重要补充。积极推动在内蒙古农牧区设立农村新型金融机构（村镇银行等），不仅能够解决农

---

① 李杰，赵勇．普惠金融视角下农村小额保险制度的构建［J］．金融理论与实践，2012（9）．

村金融服务不足的问题，完善农牧区金融服务体系，而且可以更好地发挥微型金融扶贫的功效。

（一）创新村镇银行的组织形式

当前村镇银行的主发起人必须是银行业金融机构，且持股比例不得低于20%。主发起人制度虽然有利于村镇银行防范金融风险，但不利于民间资本向银行业进军，不利于民间金融向正规化发展。因此，要完善农村金融服务体系，规范农村民间金融，需要鼓励和引导各类资本发起设立农村金融机构，增加农村微型金融机构的数量。特别是村镇银行的设立可以加大创新力度，试点设立完全民营化的村镇银行，发起人与其他股东都是民营企业和自然人，把村镇银行办成真正的民营化银行，根植于农牧区。积极吸纳农牧区民营企业和农牧民入股，农牧区闲置的资金不仅找到了长期可靠的投资渠道，规范了农牧区民间金融，也增强了村镇银行的资金实力，使村镇银行成为真正扎根基层的"草根银行"，能够更好地发挥"支农支小"和金融扶贫的作用，有效解决村镇银行"离农脱农"的倾向。

（二）鼓励小额贷款公司将机构设置到牧区

2005年，中国人民银行试点小额贷款公司的目的是解决农牧民贷款难问题，但在国内为数众多的小额贷款公司中，真正支农的却非常少。从小额贷款公司的住所看，大多数在城区营业，在县城营业的少，能够下放到乡镇的更少。要发挥小额贷款公司服务农牧区经济发展的作用：

一是在设立时应鼓励其设在旗县，特别是设立在乡镇的小额贷款公司可以考虑优先予以审批并采取相应的税收优惠。对设立在乡镇、服务于农牧民的小额贷款公司，可降低对其注册资本的要求，降低至200万元。

二是通过政策引导，支持小额贷款公司对农牧民、农牧民专业合作社和农牧区小微企业发放贷款，让它们能够直接服务"三农三牧"，对其"三农三牧"贷款给予税收上的优惠，对一些扶贫性质的贷款要进行补贴。

（三）积极推动农村资金互助社的设立

农村资金互助社是由农村地区的农民和农村小企业发起设立的为入股社员服务、实行社员民主管理的社区性信用合作组织。农村资金互助社真正根植于农村，入股社员彼此知根知底，这不仅解决了农户贷款难的问题，而且很好地解决了贷款中信息不对称的问题，降低了交易成本与经营风险。目前由于认识和操作上的问题，农村资金互助社在内蒙古农牧区发展缓慢，与最初的构想相去甚远。合作金融在美日等发达国家比较普遍，确实有一定的适用性。农村资金互助社作为真正的合作性金融组织，对解决农牧民、农牧区小微企业贷款难问题有突破性意义。因此，地方政府和监管机构等相关部门有必要分析其发展缓慢的原因，引导并积极推动农村资金互助社的发展。监管部门可适当降低设立门槛和监管标准，将非正规资金互助社转正；同时，加大宣传力度，提高农牧户和其他组织设立农村资金互助社的积极性；提供融资优惠政策，拓展资金来源；开展农牧区金融领域教育培训，培育有利于农村资金互助社发展的金融意识和农牧区信用文化。

二、积极扶持公益性小额信贷机构的发展

在内蒙古从事公益性小额信贷的机构主要有两家：一是中和农信，二是赤峰昭乌达妇女可持续发展协会。中和农信是一家中国扶贫基金会下属的社会企业，其主营业务就是面向农村中低收入人群提供方便快捷的小额信贷服务。目前中和农信已经在内蒙古的35个贫困旗县开展小额信贷业务。今后政府部门应该继续加强与中和农信的合作力度，加大对其财政贴息的力度，增设中和农信在贫困旗县的服务机构，扩大其微型金融扶贫的范围和覆盖面。另外，政府要明确赤峰昭乌达妇女可持续发展协会的法律地位，缓解公益性小额信贷机构面临的政府既不反对也不支持的尴尬局面；政府要帮助公益性小额信贷机构拓宽投资渠道，或者扶贫机构通过购买服务的方式支持公益小额信贷的发展，充分发挥其在金融扶贫方面的积极作用。

三、与大型金融机构加强合作，创新微型金融产品和服务

与公益性小额信贷机构相比，诸如中国农业银行、中国邮政储蓄银行等大型金融机构，在从事小额信贷、农村小额保险等微型金融业务方面有着诸多优势，例如品牌值得信赖、资金实力雄厚、农村网点众多、金融基础设施完善等。只要这些金融机构转变观念，认识到低收入人群对产品和服务的供应者来说也存在着巨大的商机，通过创新微型金融产品与服务，也能够实现社会效益与经济效益的统一。为此，政府扶贫机构要加强与大型金融机构的合作力度，进一步通过补贴的方式鼓励其创新农村微型金融业务。例如，商业保险公司通过保险资金直接投资、为贫困农户提供小额融资、开展特色农业保险试点等方式为地方提供积极的金融支持。另外，大型金融机构在开展微型金融业务过程中，要坚持"金融服务本土化"原则，力争通过降低金融交易成本来实现微型金融服务的全面覆盖。

四、建立多层次融资担保机构，为农牧民和农牧区小微企业提供担保

银行在发放贷款时，由担保公司作为保证人提供贷款担保是比较常见的方式。近年来，商业性的融资担保公司发展迅速，对解决小微企业融资发挥了重要作用。不过，融资担保公司也存在不能深入农村的问题。因此，监管部门通过降低准入标准等优惠措施，尝试设立根植于乡镇的融资担保公司，或者让在县域内的法人机构将分支机构设到乡镇，使它们能够直接服务农牧区。关于担保公司的设立，在县域内，支持依托具有法人资格的农村行业协会组建行业担保公司、一定区域内的若干小微企业组建互助性担保公司。在一些行政村（嘎查），可试点村级融资担保基金，为农牧户借款提供担保。通过政策引导，支持融资担保机构与新型农村金融机构（主要是村镇银行、小额贷款公司）进行协作，以此鼓励其向农牧户和农牧区小微企业贷款。

第五节　积极推进牧区社会资本建设

　　牧民的贫困脆弱性主要源于其货币收入和各种资本的不平等性以及正式或非正式的制度安排缺失。第五章的其他各部分提出的建议是作为正式制度安排的公共政策和商业保险、微型金融。其实，互助、合作作为非正式规范，历来是重要的社会保护模式，在那些欠发达的地区社会网络中发挥着重要的补充作用。根据新制度经济学理论，在制度变迁和创新时不可忽视非正式制度安排的重要作用。因为非正式制度通过价值观、伦理规范、道德观念的作用从多个侧面影响着人们的行为。

　　牧区社会资本对于牧民来说具有积极的自助保障功能，而目前牧区社会资本却呈下降趋势。借鉴发达国家的经验并结合我国牧区的实际，我们提出以下几个方面的建议①：

一、通过提供公共物品，促进牧区社会资本创造

　　首先，通过加大牧区基础设施建设力度、规范地方政府治理等措施，促进牧区社会稳定。

　　其次，教育制度不仅传递人力资本，并且还以社会规则和规范的方式传输社会资本。

　　因此，国家财政应进一步加大牧区基础教育上的投入，其中，以职业技术教育为重点，对牧区精英提供高质量的职业训练，并且在这些精英之间创造团体精神。进一步讲，还应以提高牧民整体文化素质为中心，实施牧民文化技术教育工程及公共文化设施建设来加速牧民整体文化素质的提高。在牧区乡镇建设实用的

---

　　①　哈斯其其格. 社会资本与社会主义新农村建设［J］. 经济论坛，2010（2）.

图书馆、体育馆、影剧院、农业科技馆、医院、学校等，提高牧民的物质文明与精神文明水平。牧民通过学习和培训提高人力资本，增强其在社会生产和资源分配方面的能力，从而最终提升其社会资本以和其他群体沟通和共享，这样才有利于牧民群体和其他群体的沟通和互动。

二、提升牧民家庭社会资本，强化非正式的社会保护机制

家庭社会关系的强弱是家庭生产能力和经营策略的基础，也是克服土地、劳动力、资金短缺困难和获得借贷等支持的基础。中国传统家庭的重要功能便是为全体家庭成员提供生活保障，减少其生命波折期的不确定性。因此，在牧区反贫困工作中，我们不能忽视家庭保障的积极作用。

在现阶段牧区正式社会保障制度覆盖面窄、保障水平低的情况下，部分牧民的保障需求还要通过非正式的安排得到部分缓解。应挖掘我国人民重视家庭、亲情、邻里关系的传统美德，提升牧区社会资本存量。在当代牧区的社区建设中，我们必须营造良好的氛围，让民族精神和传统美德得以发扬光大。要广泛开展敬老爱幼、家庭和睦、邻里友善、团结互助、注重诚信、勤俭持家的传统美德教育，使之家喻户晓，蔚然成风。在社区建设中，要弘扬正气，打击歪风邪气，要致力于形成一种讲道德光荣的良好风尚。

三、构建城市与牧区的社会沟通网络

中国的城镇化率已从2010年的47.5%升至2016年末的57.4%，但与城市相比，中国农村牧区在产业发展、生态保护、社会治理等方面存在较大差距，成为中国实现"两个一百年"奋斗目标中的短板。乡村振兴在党的十九大报告被提升到战略高度，将实实在在惠及农业、农村、农民，缩小城乡差距，推动城乡融合发展，为"两个一百年"奋斗目标的实现奠定基础。

现阶段，我国城乡居民的关系网络主要覆盖到群体内部，就群体内人际关系而言，关系密切、互动频繁。技术、经济、社会向前演化，不管是互联网的发

明，还是全球市场的发展，最终造成了目前的状态——相互依存。即他人的存在是我们自身存在的前提，别人不能生存，我们也生存不好。比如说，北京、上海、广州、深圳等大城市的人如果把乡下人全部赶走了，最终谁吃亏？乡下人丢了饭碗，自然吃亏；但大城市的人可能连早点都吃不上，更别说经济繁荣了。

因此，在风险建构论下，风险管理方法宜采用"拔河"型风险管理思维，追求各种管理方法与机制的平衡。即在风险管理上，像"拔河"那样追求竞争下的平衡。具体而言，建构一套相生相克的机制，有强化管理主体抵抗威胁的能力即可①。过去时代的竞争，是拳击赛，比的是能否把对方击倒。而今天的竞争，是拔河赛，"绳子"不能断，竞争的每个参与者能做的，只是让绑在一起的价值链条，向更有利于自己的方向挪动一点而已。城市和乡村相互依存，才是我们这个时代竞争的逻辑。

综上，构建城市与牧区多层面的沟通网络十分必要。应将城乡文化相互渗透、融汇的目标贯彻到新牧区建设中，形成独具特色的文化、旅游、商贸一体化的小城镇，吸收城市居民来观光、休闲度假、置业，从而加速城乡交流和互动。此外，信息化时代的发展还应该是信息网络联动，即通过信息来促进互通有无的多面的沟通。

四、构建牧区组织网络

我国现阶段农牧区发展中的一个突出问题是社会管理相对滞后，城乡统筹发展缺乏良好的外部环境。牧民通过建立各种社团，提高自我发展能力。牧民建立的社团，既可以直接用于政治生活的参与，也可以作为"公民学校"来发挥作用。个体借助公民学校养成了合作的习惯，而这些习惯最终促使他们进入公共生活。

政府应大力鼓励和发展壮大社会组织，充分发挥牧区基层自治组织、社团和行业协会等社会组织在社会建设及管理中的作用，增强牧区社会自治能力，共同

---

① 宋明哲．现代风险管理［M］．北京：中国纺织出版社，2003．

完善公共管理和社会服务职能。家庭社会关系的强弱是家庭生产能力和经营战略的基础，也是牧民提高"反脆弱性"的基础。目前在牧区，家庭社会关系主要靠天然的亲缘、族缘和地缘关系来维系，而由于贫困家庭的亲戚网络较薄弱，难以给予更多更有效的援助。因此，当务之急是走合作化之路，通过一个嘎查或一个小组内的几户牧民就牲畜、草场、土地、劳动力和资金全面合作，来构筑"反脆弱性"网络。

党的十九大报告从巩固和完善农村基本经营制度、深化农村集体产权制度改革、确保国家粮食安全、构建现代农业体系、促进农村一二三产业融合、增加农民收入、构建乡村治理体系等方面，对下阶段"三农"工作重点和主攻方向进行了纲要式部署。农牧业是第一产业，一二三产业融合发展是指以农牧业为依托，使农牧业生产与农牧产品加工、流通、销售、餐饮、休闲旅游以及其他服务业有机整合。通过农村牧区一二三产业融合发展，能够使融合产生的效益高于单独每个产业产生的效益之和，也就是达到"1+1+1>3"或者叫"一产+二产+三产>3"的效果。

参考文献

著作部分：

［1］郑功成．社会保障学——理念、制度、实践与思辨［M］．北京：商务印书馆，2000.

［2］（印）阿马蒂亚·森．以自由看待发展［M］．北京：中国人民大学出版社，2008.

［3］郑功成，郑宇硕．全球化下的劳工与社会保障［M］．北京：中国劳动社会保障出版社，2002.

［4］郑传贵．社会资本与农村社区发展——以赣东项村为例［M］．北京：学林出版社，2007.

［5］贝弗里奇．贝弗里奇报告——社会保险和相关服务［M］．北京：中国劳动社会保障出版社，2004.

［6］中国人口与劳动问题报告 No.9［M］．北京：社会科学文献出版社，2008.

［7］盖志毅．新牧区建设与牧区政策调整——以内蒙古为例［M］．大连：辽宁民族出版社，2011.

［8］王春光．农村社会分化与农民负担［M］．北京：中国社会科学出版社，2005.

［9］李维．风险社会与主观幸福——主观幸福的社会心理学研究［M］．上海：上海社会科学出版社，2006.

［10］丁建定等．中国社会保障制度体系完善研究［M］．北京：人民出版社，2013.

［11］丁建定，杨凤娟．英国社会保障制度的发展［M］．北京：中国劳动社会保障出版社，2004.

［12］樊纲，王小鲁．收入分配与公共政策［M］．上海：上海远东出版社，2005.

［13］林义．农村社会保障的国际比较及启示研究［M］．北京：中国劳动社会保障出版社，2006.

［14］林毅夫，蔡昉，李周．中国的奇迹：发展战略与经济改革［M］．北京：三联书店，1994.

［15］童星，张海波．中国转型期的社会风险及识别［M］．南京：南京大学出版社，2007.

［16］庹国柱，王国军．中国农业保险与农村社会保障制度研究［M］．北京：首都经济贸易大学出版社，2002.

［17］乌尔里希·贝克．风险社会［M］．北京：译林出版社，2004.

［18］乌尔里希·贝克．世界风险社会［M］．南京：南京大学出版社，2004.

［19］乌尔里希·贝克，安东尼·吉登斯，斯科特·拉什．自反性现代化［M］．北京：商务印书馆，2001.

［20］王艳萍．克服经济学的哲学贫困——阿马蒂亚·森的经济思想研究［M］．北京：中国经济出版社，2006.

［21］（美）纳西姆·尼古拉斯·塔勒布．反脆弱：从无序中获益［M］．北京：中信出版社，2014.

［22］张秀兰，徐月宾，梅志里．中国发展型社会政策论纲［M］．北京：中国劳动社会保障出版社，2007.

［23］赵曦，周炜．中国西藏扶贫开发战略研究［M］．北京：中国藏学出版社，2006.

［24］丁忠兰．云南民族地区扶贫模式研究［M］．北京：中国农业科学技

术出版社，2012.

[25] 哈斯其其格．中国转型期农村社会风险管理机制研究［M］．成都：西南财经大学，2010.

[26]（俄）克鲁泡特金．互助论——进化的一个要素［M］．北京：商务印书馆，2016.

[27]（英）马特·里德礼．自下而上［M］．北京：中信出版社，2017.

[28]（法）托马斯·皮凯蒂．21世纪资本论［M］．北京：中信出版社，2014.

[29]（美）安格斯·迪顿．逃离不平等——健康、财富及不平等［M］．北京：中信出版社，2014.

[30]（美）乔治·E. 雷吉达．社会保险和经济保障［M］．北京：经济科学出版社，2005.

[31]（美）约瑟夫·熊彼特．经济发展理论［M］．北京：华夏出版社，2014.

[32]（日）武川正吾．福利国家的社会学［M］．北京：商务印书馆，2011.

[33]（英）尼古拉斯·巴尔．养老金改革：理论精要［M］．北京：中国劳动社会保障出版社，2013.

[34]（英）尼古拉斯·巴尔．福利国家经济学［M］．北京：中国劳动社会保障出版社，2003.

[35] 尼古拉斯·巴尔，大卫·怀恩斯．福利经济学前言问题［M］．北京：中国税务出版社，2000.

[36] 塞缪尔·P. 亨廷顿．变化社会中的政治秩序［M］．王冠华等译．北京：三联书店，1989.

[37] 宋明哲．现代风险管理［M］．北京：中国纺织出版社，2003.

[38] 孙立平．博弈：断裂社会的利益冲突与和谐［M］．北京：社会科学文献出版社，2006.

[39]（美）塞德希尔·E. 穆来纳森，埃尔德·莎菲尔．稀缺——我们是如

何陷入贫穷与忙碌的 ［M］. 杭州：浙江人民出版社，2014.

［40］迈克尔·谢若登. 资产与穷人 ［M］. 北京：商务印书馆，2005.

［41］秦中春. 新养老金经济学 ［M］. 北京：清华大学出版社，2014.

［42］（美）彼得·F. 德鲁克. 养老金革命 ［M］. 北京：东方出版社，2009.

［43］徐滇庆，柯睿思，李昕. 终结贫困之路——中国和印度发展战略比较 ［M］. 北京：机械工业出版社，2009.

［44］梁涛，方力. 农村小额人身保险 ［M］. 北京：中国财政经济出版社，2008.

［45］乌日陶克套胡. 蒙古族游牧经济及其变迁 ［M］. 北京：中央民族大学出版社，2006.

［46］布和朝鲁. 西部民族地区自然资源禀赋与经济可持续发展 ［M］. 北京：民族出版社，2011.

［47］严俊. 中国农村社会保障政策研究 ［M］. 北京：人民出版社，2009.

［48］吕世辰. 农村社会学 ［M］. 北京：社会科学文献出版社，2006.

［49］（法）卢梭. 社会契约论 ［M］. 北京：商务印书馆，2014.

［50］包学雄. 民族自治区的养老保险（2006～2020）：国民经济学视野 ［M］. 北京：中国经济出版社，2006.

［51］李航. 我国转型期弱势群体社会风险管理探析 ［M］. 成都：西南财经大学出版社，2007.

［52］（美）弗朗西斯·福山. 信任：社会美德与创造经济 ［M］. 桂林：广西师范大学出版社，2016.

［53］（美）弗朗西斯·福山. 我们后人类未来：生物技术革命的后果 ［M］. 桂林：广西师范大学出版社，2016.

［54］（美）小哈罗德·斯凯博等. 国际风险与保险——环境管理分析 ［M］. 北京：机械工业出版社，1999.

［55］（挪威）卡尔·H. 博尔奇. 保险经济学 ［M］. 北京：商务印书馆，1999.

［56］（英）卡尔·波兰尼．大转型——我们时代的政治与经济起源［M］．杭州：浙江人民出版社，2007．

［57］（英）彼得·泰勒—波顿．新风险，新福利［M］．北京：中国劳动社会保障出版社，2010．

学术论文：

［1］林义．强化我国社会风险管理的政策思路［J］．经济社会体制比较，2002（6）．

［2］海山．内蒙古牧区贫困化问题及扶贫开发对策研究［J］．中国畜牧杂志，2007（10）．

［3］谭崇台．开发人力资本构建社会资本——解决农民贫困、农村落后问题的必由之路［J］．宏观经济研究，2004（11）．

［4］阎逢柱．社会资本层面下的我国城市贫困与反贫困问题研究［J］．当代财经，2004（11）．

［5］王艳．中国牧区扶贫开发问题研究［D］．吉林大学博士学位论文，2014．

［6］哈斯其其格．中国转型期农村社会风险管理机制研究［D］．西南财经大学博士学位论文，2009．

［7］哈斯其其格．完善我国社会保障体系与强化社会风险管理策略探讨［J］．兰州商学院学报，2010（1）．

［8］哈斯其其格．社会资本视角下社会主义新农村建设［J］．经济论坛，2010（2）．

［9］哈斯其其格．构建内蒙古农村牧区社会保障创新体系的几点思考［J］．内蒙古财经学院学报，2011（1）．

［10］姜欣．我国最优的社会保障支出水平研究［J］．软科学，2012（5）．

［11］鲍震宇．内蒙古社会保障水平适度性研究［J］．中国管理信息化，2013（4）．

［12］韩峥．脆弱性与农村贫困［J］．农业经济问题，2004（10）．

［13］李小云，董强等．农户脆弱性分析方法及其本土化应用［J］．中国农村经济，2007（4）．

［14］丁文强．我国北方草原区牧户脆弱性评价——以内蒙古荒漠草原区为例［D］．兰州大学博士学位论文，2012.

［15］李瑞华．内蒙古贫困与反贫困的经济学研究［D］．武汉理工大学博士学位论文，2013.

［16］周弘，彭姝祎．国际金融危机后世界社会保障发展趋势［J］．中国人民大学学报，2015（3）．

［17］王志学．NGO参与农村扶贫的困境分析及对策研究——以内蒙古赤峰市昭乌达妇女可持续发展协会为例［D］．内蒙古农业大学博士学位论文，2014.

［18］项保华，刘丽珍．社会资本与人力资本的互动机制研究［J］．科学管理研究，2007（3）．

［19］姚毅．社会资本视角下贫困问题研究的文献综述［J］．甘肃农业，2011（10）．

［20］谭帅．微型金融发展历史综述［J］．山东经济战略研究，2011（7）．

［21］谢勇才，丁建定．从生存型救助到发展型救助：我国社会救助制度的发展困境与完善路径［J］．中国软科学，2015（11）．

［22］马静．农村社会救助制度改革的顶层设计［J］．学术月刊，2013（4）．

［23］成濑龙夫．社会保障与风险管理［J］．东北财经大学学报，2004（3）．

［24］杨团，孙炳耀．资产社会政策与中国社会保障体系重构［J］．江苏社会科学，2005（2）．

［25］张秀兰，徐月宾．建构中国的发展型家庭政策［J］．中国社会科学，2003（6）．

［26］中国农村养老保险证质押贷款研究课题组．养老保险和农村金融双赢的制度安排——新疆呼图壁县养老保险证质押贷款研究［J］．东岳论丛，2008

（4）．

　　［27］李杰，赵勇．普惠金融视角下农村小额保险制度的构建［J］．金融理论与实践，2012（9）．

　　［28］姚奕．小额扶贫大有可为［N］．中国保险报，2014 - 02 - 26.

　　［29］赵国新，高姗．内蒙古"三农"风险分析与小额保险发展研究［J］．内蒙古金融研究，2014（5）．

　　［30］林熙，林义．印度农村小额保险发展经验及启示［J］．保险研究，2008（2）．

　　［31］陈传波．农户风险与脆弱性——一个分析框架及贫困地区的经验［J］．农业经济问题，2005（8）．

　　［32］韩峥．广西西部十县农村脆弱性分析及对策建议［J］．农业经济，2002（5）．

　　［33］李斌，李小云，左停．农村发展中的生计途径研究与实践［J］．农业技术经济，2004（4）．

　　［34］黄晓军，黄馨，崔彩兰，杨新军．社会脆弱性概念、分析框架与评价方法［J］．地理科学进展，2014（11）．

　　［35］黄承伟，覃志敏．贫困脆弱性：概念框架和测量方法，贫困地区统筹城乡发展与产业化扶贫机制创新——基于重庆市农民创业园产业化扶贫案例的分析［J］．农业经济问题，2013（5）．

　　［36］潘国臣，李雪．基于可持续省级框架（SLA）的脱贫风险分析与保险扶贫［J］．保险研究，2016（10）．

　　［37］王来喜，高凤祯，王秀艳．内蒙古东西部贫困问题比较研究［J］．中央民族大学学报（哲学社会科学版），2010（1）．

　　［38］周端明．社会保障的新理念与中国农民扶持性社会保障体制［J］．经济学家，2006（5）．

　　［39］庄友刚．从马克思主义视野对风险社会二重审视［J］．探索，2004（3）．

　　［40］中国战略与管理研究会社会结构转型课题组．中国社会结构转型中的

近期趋势与隐患 [J]. 战略与管理, 1998 (5).

[41] 张海波. 社会风险研究的范式 [J]. 南京大学学报, 2007 (2).

[42] 郑杭生, 洪大用. 中国转型期的安全隐患与对策 [J]. 人民大学学报, 2004 (2).

[43] 徐月宾, 刘凤芹, 张秀兰. 中国农村反贫困政策的反思——从社会救助向社会保护转变 [J]. 中国社会科学, 2007 (3).

[44] 叶初升, 赵锐, 李慧. 经济转型中的贫困脆弱性: 测度、分解与比较——中俄经济转型绩效的一种微观评价 [J]. 经济社会体制比较, 2014 (1).

[45] 郑功成. 中国社会保障改革: 机遇、挑战与取向 [J]. 国家行政学院学报, 2014 (6).

[46] 郑功成. 从地区分割到全国统筹——中国职工基本养老保险制度深化改革的必由之路 [J]. 中国人民大学学报, 2015 (3).

[47] 郑功成. 中国社会保障演进的历史逻辑 [J]. 中国人民大学学报, 2014 (1).

[48] 郑功成. 中国社会福利的现状与发展取向 [J]. 中国人民大学学报, 2013 (2).

[49] 郑功成. 中国社会福利改革与发展战略: 从照顾弱者到普惠全民 [J]. 中国人民大学学报, 2011 (2).

[50] 陈银娥. 微型金融与贫困农民收入增长——基于社会资本视角的实证分析 [R]. 外国经济学说与中国研究报告, 2012.

[51] 杜黎霞. 西部地区农村微型金融扶贫开发途径探讨 [J]. 甘肃金融, 2014 (2).

[52] 杨伟坤等. 我国农村微型金融发展与创新研究 [J]. 农业经济, 2012 (5).

[53] 黄承伟, 陆汉文等. 微型金融与农村扶贫开发——中国农村微型金融扶贫模式与研讨会综述 [J]. 中国农村经济, 2009 (9).

[54] 中国人民银行郑州中心支行课题组. 农村致贫机理与金融扶贫政策研

究［J］．金融理论与实践，2014（3）．

［55］张化珍．对内蒙古创新农村扶贫开发机制实施金融扶贫的几点思考
［J］．北方经济，2014（3）．

［56］刘丽梅．内蒙古扶贫工作与旅游扶贫［J］．中国乡镇企业会计，2015
（1）．

［57］徐孝勇，赖景生等．我国西部地区农村扶贫模式与扶贫绩效及政策建
议［J］．农业现代化研究，2010（3）．

［58］王和顺．对现阶段内蒙古扶贫开发的认识［J］．北方经济，2014
（12）．

［59］钱贵霞，郝永红等．内蒙古农村牧区贫困状况及成因分析——基于国
家重点贫困旗县数据［J］．内蒙古大学学报（哲学社会科学版），2013（9）．

［60］金鑫，韩广富．风险分析视阈下的内蒙古农村牧区贫困问题研究
［J］．黑龙江民族丛刊，2014（5）．

［61］内蒙古发展研究中心调研组．关于内蒙古牧民收入问题的调查与思考
［J］．北方经济，2009（11）．

［62］花蕊，朝乐门．内蒙古牧民收入增长缓慢的原因及对策研究［J］．内
蒙古科技与经济，2010（12）．

［63］肖肖．民族地区微型金融机构发展问题研究［D］．中南民族大学硕
士学位论文，2011.

［64］高晓博．内蒙古农村牧区贫困问题及治理［D］．重庆大学硕士学位
论文，2013.

［65］郭爽．微型金融机构可持续发展研究［D］．西南财经大学硕士学位
论文，2010.

［66］张羽．我国农村金融扶贫体系探讨［D］．东北财经大学硕士学位论
文，2010.

［67］汪林．我国微型金融扶贫与可持续发展的冲突与治理研究［D］．暨
南大学硕士学位论文，2012.

［68］袁玥．我国政府金融扶贫模式创新研究［D］．东北师范大学硕士学

位论文，2012.

　　［69］吴一凡．我国微型金融发展研究［D］．首都经济贸易大学硕士学位论文，2013.

　　［70］毛一萍．我国农村微型金融机构可持续发展研究［D］．中南大学博士学位论文，2013.